JN085543

DX オフィサー
認定試験

公式精選問題集

DXオフィサー認定試験　公式精選問題集

もくじ

DXオフィサー認定試験　試験概要

1. 受験資格　国籍、年齢等に制限はありません。
2. 受験会場（下記のほか、オンライン・CBT会場でも実施されます。）
   　札幌　仙台　東京　埼玉　千葉　横浜　名古屋　大阪　京都　福岡
3. 試験日程　協会ホームページをご確認ください。
4. 試験時間　120分
5. 問題数　　100問
6. 試験形式　マークシート方式
7. 問題構成

第1課題　DXの現状	第1章　DX総論
	第2章　業種別DX
	第3章　DX企業の現状
第2課題　DXの技術	第1章　AI
	第2章　ビッグデータ
	第3章　IoT
	第4章　クラウド
	第5章　その他IT技術
	第6章　デジタルマーケティング
	第7章　情報セキュリティ
第3課題　DXの展開	第1章　DX人材
	第2章　DXの方法論
	第3章　DXの関連制度・政策

8. 合格基準　第1課題・第2課題・第3課題の合計で70%以上の正答
   　　　　　　（上記各情報は予告なく変更される場合があります。）
9. 受験料　　13,200円（税込）
10. 申込方法
    　インターネットでお申込みの場合は下記アドレスよりお申込みください。
    　http://www.joho-gakushu.or.jp/web-entry/siken/
    　郵送でお申込の場合は、下記までお問合せください。

お問合せ先
一般財団法人　全日本情報学習振興協会
東京都千代田区神田三崎町 3-7-12　　清話会ビル 5F
TEL：03-5276-0030　FAX：03-5276-0551　http://www.joho-gakushu.or.jp/

【第1課題　DX の現状】

第1章　DX 総論

問題1．DX に関する以下のアからエまでの記述のうち、最も<u>適切ではないもの</u>を1つ選びなさい。

ア．DX とは、「Digital Transformation」の略で、その概念は、進化した IT 技術を浸透させることで、人々の生活をより良いものへと変革させることであると 2004 年にスウェーデンのエリック・ストルターマン氏が提唱した。

イ．DX の推進のためには、経営者は DX によってどのようなビジネスモデルを構築すべきかについての経営戦略やビジョンを提示することが求められる。

ウ．DX は、中長期的な課題を見据えて事業変革を達成するものであり、短期間で実現可能な課題については、DX とは切り離して対応することが重要である。

エ．企業が DX 推進により競争上の優位性を獲得したと判断した場合でも、顧客・社会の課題を解決するための仮説となるプロダクトやサービスを繰り返し市場に提示し、データに基づいて顧客・社会の反応を把握しながら変革をし続ける必要がある。

解説　DX

ア適　切。記述の通り。エリック・ストルターマン氏は、ウメオ大学の教授であった。

イ適　切。記述の通り。「DX 推進ガイドライン」の「DX 推進のための経営のあり方、仕組み」に示されている。

ウ不適切。短期間で実現できる課題には即座に取り組み、DX のスタートラインとすることが重要であり、DX と切り離して対応するものではない。

エ適　切。記述の通り。繰り返し変革のアプローチを続ける必要がある。

解答　ウ

1

問題２．DXに関する以下のアからエまでの記述のうち、最も<u>適切ではない</u>ものを
１つ選びなさい。

ア．「DX推進ガイドライン」に記されているDXの定義は、「企業がビジネス環
境の激しい変化に対応し、データとデジタル技術を活用して、顧客や社会
のニーズを基に、製品やサービス、ビジネスモデルを変革し、競争上の優
位性を確立すること」ではない。

イ．総務省の「令和元年版情報通信白書」では、「従来の情報化／ICT利活用」
とDXの違いを、「従来の情報化／ICT利活用」においては、ICT（情報通
信技術）が、確立された産業の効率化や価値の向上を実現する補助ツール
であるのに対し、DXにおいては、ICTが産業と一体化することで、ビジネ
スモデル自体を変革する事業のコアとなる、としている。

ウ．独立行政法人情報処理推進機構（IPA）「デジタル・トランスフォーメー
ション（DX）推進に向けた企業とIT人材の実態調査」では、DXに取り
組んでいる企業は全体では４割を超えているが、従業員100人以下の企業
では３割に満たなかった。

エ．同調査で、「成果が出ている取組内容」で最も多かった回答は、「現在の
ビジネスモデルの根本的な変革」で、２番目は「業務の効率化による生
産性の向上」であった。

解説　DX

ア適　切。記述の通り。「DX 推進ガイドライン」に記されている DX の定義は、
「企業がビジネス環境の激しい変化に対応し、データとデジタル技術
を活用して、顧客や社会のニーズを基に、製品やサービス、ビジネス
モデルを変革するとともに、業務そのものや、組織、プロセス、企業
文化・風土を変革し、競争上の優位性を確立すること」である。

イ適　切。記述の通り。

ウ適　切。企業規模により DX への取組みに格差が見られ、100 名以下の企業
群では取組比率が３割に届いていなかった。

エ不適切。同調査の「成果が出ている取組内容」で最も多かった回答は、「業
務の効率化による生産性の向上（38.3％）」で、「現在のビジネス
モデルの根本的な変革（7.6％）」は、４番目であった。

解答　エ

問題３．「DX レポート」における既存システムの問題点に関する以下のアからエ
　　　までの記述のうち、最も<u>適切な</u>ものを１つ選びなさい。

　　ア．レガシー化とは「ユーザ企業において、自社システムの中身が不可視に
　　　　なり、自分の手で修正できない状況に陥ったこと」ということができる。

　　イ．レガシー化は「マネジメント」の問題ではなく、「技術」の側面が大きな
　　　　問題と考えるべきである。

　　ウ．日本では、初期のITシステム構築は作業の自動化が目的であり、ハード
　　　　ウェア・ベンダーが中心となって一括受注する形態が確立したため、要
　　　　件定義に基づき開発する「アジャイル型」の開発が主流であった。

　　エ．現在のユーザは「要件定義」をする能力が大きく向上しているため、シ
　　　　ステムの刷新（モダナイズ）・改修について過大な要求をする傾向にある
　　　　ことがトラブルの原因となっている。

解説　DX

ア適　切。記述の通り。

イ不適切。レガシー化は技術の側面のみならず、「マネジメント」の側面が大
　　　　　きな問題と考えるべきである。古い技術を使っているシステムだ
　　　　　から必ずレガシー問題が発生するわけではない。

ウ不適切。正しくは「ウォーターフォール型」である。アメリカでは1980年
　　　　　代にウォーターフォール型開発が失敗したことからウォーター
　　　　　フォール型開発への根本的な見直しが起こったが、日本では初期
　　　　　の成功体験が、ユーザ企業／ベンダー企業ともに温存され、契約
　　　　　の曖昧さなどもあって根本的な見直しには至っていない。

エ不適切。「要件定義」とは、システム開発を始める前に、システムに必要な
　　　　　機能・要求をまとめる作業のことである。初期のITシステム構築
　　　　　は、ユーザの作業を写し取って論理化し、「要件定義」としてきた。
　　　　　現在のユーザは、システムがある状態で仕事をするのが当然と
　　　　　なっており、システムの全貌と機能の意義がわからず、従来のよ
　　　　　うな「要件定義」をする能力を喪失している。そのため、精緻な
　　　　　要件定義が根本的に困難な状況から、曖昧なままシステム刷新・
　　　　　改修が進められ、トラブルの原因となるか、でき上がった瞬間か
　　　　　ら新システムのレガシー化が進み始めることになる。

解答　ア

問題４．「2025年の崖」に関する次のａからｄまでの記述のうち、<u>適切ではない</u>ものはいくつあるか。以下のアからエまでのうち１つ選びなさい。

　　ａ．複雑化・老朽化・ブラックボックス化した既存システムが残存した場合、2025年までに予想されるリスクの高まり等に伴う経済損失は、2025年以降、最大３兆円／年にのぼる可能性がある。

　　ｂ．複雑化・老朽化・ブラックボックス化した既存システムが残存した場合、ユーザ企業は、爆発的に増加するデータを活用しきれずにDXを実現できず、デジタル競争の敗者となる恐れがある。

　　ｃ．複雑化・老朽化・ブラックボックス化した既存システムが残存した場合、ITシステムの運用・保守の担い手が不在になり、多くの技術的負債を抱えるとともに、業務基盤そのものの維持・継承が困難になる恐れがある。

　　ｄ．複雑化・老朽化・ブラックボックス化した既存システムが残存した場合、ベンダー企業は、成長領域であり主戦場となっているクラウドベースのサービス開発・提供へ業務移行することとなる。

　　ア．１つ　　　　　イ．２つ　　　　　ウ．３つ　　　　　エ．４つ

解説　2025年の崖

　　ａ　不適切。「最大３兆円／年」が誤りで、正しくは「最大12兆円／年」である。複雑化・老朽化・ブラックボックス化した既存システムが残存した場合、2025年までに予想されるIT人材の引退やサポート終了等によるリスクの高まり等に伴う経済損失は、2025年以降、最大12兆円／年にのぼる可能性がある。

　　ｂ　適　切。記述の通り。

　　ｃ　適　切。記述の通り。

　　ｄ　不適切。ベンダー企業は、既存システムの運用・保守にリソースを割かざるを得ず、成長領域であり主戦場となっているクラウドベースのサービス開発・提供を攻めあぐねる状態になる。

ａとｄの２つが不適切である。

解答　イ

問題5. 次の図は、企業に対する「デジタル技術の普及による自社への影響」の
調査結果の回答が多かった項目を示したものである。この図に関する以
下のアからエまでの記述のうち、最も<u>適切な</u>ものを1つ選びなさい。

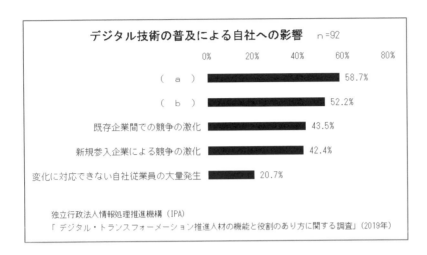

ア. （ a ）は「自社の優位性や競争力の低下」で、（ b ）は「自社の
事業規模の縮小」である。

イ. （ a ）は「新たな代替製品・サービスの台頭」で、（ b ）は「自
社の事業規模の縮小」である。

ウ. （ a ）は「自社の優位性や競争力の低下」で、（ b ）は「新たな
代替製品・サービスの台頭」である。

エ. （ a ）は「新たな代替製品・サービスの台頭」で、（ b ）は「自
社の優位性や競争力の低下」である。

解説　DX

企業に対して、AIや IoT 等のデジタル技術の普及による自社への影響を尋ね
たところ、「自社の優位性や競争力の低下」を懸念する声が最多となった。

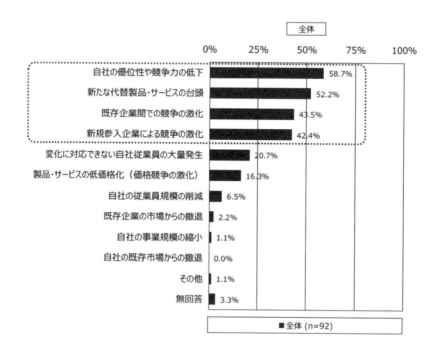

解答　ウ

問題６．独立行政法人情報処理推進機構（IPA）の「DX白書2023」における、
日米企業に対するDXに関する調査結果についての以下のアからエま
での記述のうち、最も適切ではないものを１つ選びなさい。

ア．日本で「DXに取組んでいる」企業の割合は、2022年度調査では前年の約
55％から約70％に増加しており、DXに取組む企業の割合は増加している。

イ．「全社戦略に基づいて全社的にDXに取組んでいる」企業の割合は、米国
では約70％であるのに対し、日本では約55％である。

ウ．DXの取組状況を従業員規模別でみると日本は従業員数が多い企業ほど
DXの取組みが進んでおり、従業員数「1,001人以上」の企業においてはDX
に取組んでいる割合は米国よりも高い割合を示している。

エ．DXの取組みにおいて、「成果が出ている」の企業の割合は、日米両国に
おいて約90％である。

※DXに取組んでいる割合とは「全社戦略に基づき、全社的にDXに取組んでいる」「全
社戦略に基づき、一部の部門においてDXに取組んでいる」「部署ごとに個別でDXに
取組んでいる」の合計のことをいう。

解説　DX の現状

ア適　切。日本でDXに取組んでいる企業の割合は2021年度調査の55.8％から
2022年度調査は69.3％に増加、2022年度調査の米国の77.9％に近づ
いており、この１年でDXに取組む企業の割合は増加している。

イ適　切。全社戦略に基づいてDXに取組んでいる企業の割合は米国の68.1％
に対して日本が54.2％となっており、日本の企業は全社横断での組
織的な取組みとして、DXをさらに進めていく必要がある。

ウ適　切。日本では従業員数が多い企業ほどDXの取組が進んでおり、従業員数
「1,001人以上」の企業においてはDXに取組んでいる割合は94.8％
と、米国（81.3％）と比較しても高い割合を示している。

エ不適切。DXの取組において、日本で「成果が出ている」の企業の割合は2021
年度調査49.5％から2022年度調査では58.0％に増加した。一方、米
国は89.0％が「成果が出ている」となっており、成果の創出におい
て日米差は依然として大きい。

解答　エ

問題7．DXとデジタル化に関する以下のアからエまでの記述のうち、最も適切ではないものを1つ選びなさい。

ア．既存の紙のプロセスを自動化するなど、物質的な情報をデジタル形式に変えることを「デジタイゼーション」という。

イ．組織のビジネスモデル全体を一新し、クライアントやパートナーに対してサービスを提供するより良い方法を構築することを「デジタライゼーション」という。

ウ．DX は、デジタル技術の活用による新たな商品・サービスの提供、新たなビジネスモデルの開発を通して、企業と現状の社会制度や組織文化などを適合させるような取組を指す概念である。

エ．DX は、あくまで企業が特定の目的を達成するための手段であり、それ自身を目的とするものではない点に留意が必要とされている。

解説　DX とデジタル化

ア適　切。「デジタイゼーション」は、アナログ・物理データの単純なデジタルデータ化のことであり、典型的な例として、紙文書の電子化が挙げられる。

イ適　切。「デジタライゼーション」は、個別業務・プロセスのデジタル化のことである。組織のビジネスモデル全体を一新（個別の業務・製造プロセスのデジタル化）し、クライアントやパートナーに対してサービスを提供するより良い方法を構築することであり、自社内だけでなく外部環境やビジネス戦略も含めたプロセス全体をデジタル化することといえる。

ウ不適切。「企業と社会制度や組織文化などを適合させるような取組」が誤りで、正しくは「社会制度や組織文化なども変革していくような取組」である。DX は、デジタル技術の活用による新たな商品・サービスの提供、新たなビジネスモデルの開発を通して、社会制度や組織文化なども変革していくような取組を指す概念である。

エ適　切。記述の通り。DX を進めるためには、単に最新のデジタル技術を導入すればよいということではなく、データとデジタル技術の活用によって、どの事業分野でどのような新たな価値を生み出すことを目指すか、そのために、どのようなビジネスモデルを構築すべきかについての経営戦略やビジョンの提示が求められる。

解答　ウ

問題8.「DXレポート2」に記されているコロナ禍とDXに関する以下のアからエ
　　　までの記述のうち、最も適切ではないものを1つ選びなさい。

ア. 2020年初頭からの新型コロナウイルスの感染拡大時の、従来型の業務プロ
　　セスの停滞及びその対応の諸問題の表出により、各企業は自社のデジタル
　　化が遅れていることを現実の課題として実感したと考えられる。

イ. 危機下においては経営トップの判断と指示が有効に機能せず、経営トップ
　　の判断をもってしても大きな変革を短期間に達成することが困難である
　　ことが再確認されたといえる。

ウ. コロナ禍が事業環境の変化の典型であると考えると、DXの本質とは、事
　　業環境の変化へ迅速に適応する能力を身につけると同時に、その中で企業
　　文化を変革することであるといえる。

エ. コロナ禍におけるデジタル技術による社会活動の変化により産み出された
　　新たな価値の誕生は、単なるコロナ環境下での一過性の現象ではなく、
　　人々の固定観念が大きく変化したことを表しており、人々の固定観念が変
　　化した今こそ企業文化を変革する絶好の機会である。

解説　DXレポート2

ア適　切。新型コロナウイルスの感染拡大により、企業は事業継続の対応を
　　　　否応なしに求められることとなった。各社は、テレワーク制度の
　　　　導入、PCの追加購入・支給、ネットワークインフラの増強等に
　　　　ついて至急の対応を迫られた。この中でテレワークを阻害する要
　　　　因として、「同僚・取引先とのコミュニケーションに支障がある」
　　　　「書類・伝票類（紙）を取り扱う業務（捺印、決済、発送、受領
　　　　等）をテレワークの対象とできずに不便」等の問題が表出した。
　　　　こうした事態に至ってはじめて、各企業は自社のデジタル化が遅
　　　　れていることを現実の課題として実感したと考えられる。

イ不適切。「DXレポート2」には、「危機下においては経営トップの判断と指
　　　　示が社内全体に対して大きな行動変容を可能にした。このような
　　　　動きを異なる角度からみれば、経営トップの判断は、どんな時で
　　　　あっても大きな変革を短期間に達成できることが再確認された
　　　　と言える。」とあり、コロナ禍を変革の好機としてDXに取り組む
　　　　契機とすることもまた同様に可能であるとしている。

ウ適　切。コロナ禍が事業環境の変化の典型であると考えると、DXの本質とは、単にレガシーなシステムを刷新する、高度化するといったことにとどまるのではなく、　事業環境の変化へ迅速に適応する能力を身につけると同時に、その中で企業文化（固定観念）を変革（レガシー企業文化からの脱却）することであるといえる。

エ適　切。コロナ禍によって、企業はテレワーク等をはじめとしたデジタル技術による社会活動の変化に対応し、新たな価値を次々と産み出している。これは、単なるコロナ環境下での一過性の現象ではなく、人々の固定観念が大きく変化したことを表しているのである。人々は新たな価値の重要性に気付き、コロナ禍において新しいサービスを大いに利用し、順応している。そのような人々の動きや社会活動はもはやコロナ禍以前の状態には戻らないことを前提とすれば、人々の固定観念が変化した今こそ企業文化を変革する絶好の機会である。

解答　イ

問題９．「DXレポート２」における企業の目指す方向性等に関する以下のアから
エまでの記述のうち、最も<u>適切ではない</u>ものを１つ選びなさい。

ア．コロナ禍において、従来デジタル技術をあまり活用してこなかった層も
デジタルサービスを利用するようになり、その例として、EC モール・
通販が購買に占める割合がほとんどの世代において 2020年１月から３
月にかけて増加していることが挙げられている。

イ．コロナ禍においても、デジタル技術を活用している企業の中には世界的
に大きく売上を伸ばしている企業もあり、その例としてAmazonと
ファーストリテイリングのユニクロ事業が好調であることが挙げられ
ている。

ウ．企業が変革を進めるにあたっては、現在のビジネスモデルを継続しなが
らも新しいビジネスモデルを開拓する姿勢が不可欠であり、そのような
姿勢をもってITシステムの機能追加・改修を行う必要がある。

エ．企業には、DXのスタートラインに立つことが求められ、そのために短期
間で実現できる課題を明らかにし、ツール導入等によって解決できる足
元の課題に即座に取り組む必要がある。

解説　DX レポート２

ア適　切。「今般のコロナ禍において、社会におけるデジタルサービスの浸透
は一層加速している。(中略) デジタル技術をあまり活用してこな
かった層も デジタルサービスを利用するようになった。例えば、
三井住友カード株式会社らの調査 (2020) によると、 EC モー
ル・通販が購買に占める割合は高齢者を含むほとんどの世代にお
いて2020年１月から３月にかけて増加している。」とある。

イ適　切。「新型コロナウイルスが世界中の企業に対して急激かつ深刻な影
響を与えている現在の状況の中であっても、デジタル技術を活用
している企業の中には世界的に大きく売上を伸ばしている企業
もある。例えばAmazonはデジタル企業の好例と言えるが、2020
年７～９月期の売上高と純利益は四半期として過去最高値を更
新している。また、衣料品大手のファーストリテイリングは、国
内ユニクロ事業について、 2020 年６月～８月の売上高は前年同
時期比 20% 以上の増加、その中でも E コマースによる売上高
は前年比29.3%の増収を上げたと発表している。」とある。

ウ不適切。「現在のビジネスモデルを継続しながらも新しいビジネスモデルを開拓する」姿勢は同レポートでは是とされていない。「企業が変革を進めるにあたっては、レガシー化したシステムのみならず、従来から続く企業文化こそが「レガシー企業文化」として変革の足かせとなっている可能性に注意しなければならない。例えば、現在のビジネスモデルを継続しながら新しいビジネスモデルを開拓する、ということは、現行の業務と密接に結びついた IT システムを是とした検討にとどまってしまうことを意味する。」とある。

エ適　切。「企業は生き残りのために、中長期的な課題も見据えながら短期間の事業変革を達成し続ける必要がある。そのためにはまず、短期間で実現できる課題を明らかにし、ツール導入等によって解決できる足元の課題には即座に取り組み、DX のスタートラインに立つことが求められる」とある。

解答　ウ

問題10.「DXレポート2.1」に記載されている「デジタル産業を目指す企業の３つのジレンマ」に関する以下のアからエまでの記述のうち、最も<u>適切ではないもの</u>を１つ選びなさい。

ア．ユーザ企業・ベンダー企業共通のジレンマとして、業績が好調な企業は投資体力があるため変革に積極的であるが、変革に投資することにより収益率が悪化することが挙げられている。

イ．ユーザ企業・ベンダー企業共通のジレンマとして、企業の人材育成面で、技術が陳腐化するスピードが速く、時間をかけて学んだとしても、習得したときには古い技術となっていることが挙げられている。

ウ．受託型ビジネスを現業とするベンダー企業が、ユーザー企業のデジタル変革を伴走支援する企業へと変革しようとすると、内製化への移行により受託型ビジネスと比べて売上規模が縮小することが挙げられている。

エ．ベンダー企業がユーザー企業をデジタル企業へ移行する支援を行うことにより、最終的には自分たちが不要になってしまうことが挙げられている。

解説　DX レポート 2.1

ア不適切。「目先の業績が好調のため変革に対する危機感がない。投資体力があるうちに変革を進めていくことが重要であるが、危機感が高まったときはすでに業績が不調であり、変革に必要な投資体力を失っている。」と記載されている。

イ適　切。記述の通り。「即座に新技術を獲得できる人材は引き抜かれてしまう。」とも記載されている。

ウ適　切。記述の通り。受託型のほうが売上規模が大きい。

エ適　切。記述の通り。ユーザー企業がデジタル企業に移行し自社で対応可能になるとベンダー企業が不要になってしまう。

解答　ア

第2章　業種別 DX ビジネスの現状

問題11. キャッシュレス決済に関する以下のアからエまでの記述のうち、最も適切ではないものを1つ選びなさい。

ア．キャッシュレス決済のプリペイドのサービス例として、交通系や流通系の電子マネーが挙げられる。

イ．キャッシュレス決済のリアルタイムペイのサービス例には、デビットカードやモバイルウォレットがある。

ウ．キャッシュレス決済のポストペイの例としてクレジットカードがあり、カードには、磁気カードと IC カードがある。

エ．日本のキャッシュレス決済比率について、一般社団法人キャッシュレス推進協議会の「キャッシュレス・ロードマップ 2023」に 2022 年に 30.0%まで到達したことが記載されている。

解説　キャッシュレス決済

ア適　切。記述の通り。流通系電子マネーの例としてnanacoやWAONがあり、交通系電子マネーの例として、SuicaやPASMOがある。

イ適　切。記述の通り。リアルタイムペイとは、瞬時払いのことである。

ウ適　切。記述の通り。磁気カードはスライド式、ICカードは読み込み式で決済される。

エ不適切。「キャッシュレス・ロードマップ2023」には、我が国のキャッシュレス決済比率について、2022 年に36.0%まで到達したことが記載されている。

解答　エ

問題12. 暗号資産に関する以下のアからエまでの記述のうち、最も<u>適切ではない</u>ものを１つ選びなさい。

ア．暗号資産は従来「仮想通貨」と呼ばれていたが、2018年12月、金融庁が「仮想通貨」を「暗号資産」という呼称へ変更すると発表し、2020年５月に国際標準である「暗号資産」に名称が統一された。

イ．暗号資産は、暗号技術が使用されインターネット上で利用できる電子的な資産で、ブロックチェーンによる分散型台帳技術が使用されている。

ウ．暗号資産は、法定通貨であり、金融庁の登録を受けた暗号資産交換業者 29 社で取引可能である。

エ．最初の暗号資産ともいえる「ビットコイン」は、サトシ・ナカモトと名乗る人物によって発表された。

解説　暗号資産

ア適　切。記述の通り。2020 年 5 月 1 日の改正資金決済法施行に伴い、名称が「暗号資産」に統一された。

イ適　切。記述の通り。P2P（対等な関係で複数の機器が接続される方式）によってデータが交換・取引され、中央となる管理者はなく、特定の管理サーバーも存在しない。

ウ不適切。暗号資産は、法定通貨ではない。金融庁の登録を受けた暗号資産交換業者 29 社（2024 年 1 月 31 日現在）で、約 30 種類の暗号資産が取引可能である。

エ適　切。暗号資産には、「ビットコイン」の他にも、ビットコインからハードフォークした「ビットコイン・キャッシュ」や、「イーサリアム」などがある。

解答　ウ

問題13. ブロックチェーンに関する以下のアからエまでの記述のうち、最も<u>適切</u><u>な</u>ものを1つ選びなさい。

ア．ブロックチェーンとは、一般に、「取引履歴を暗号技術によって過去から1本の鎖のようにつなげ、正確な取引履歴を維持しようとする技術」とされている。

イ．ブロックチェーンは、ある取引について改ざんを行うためには、それより古い取引についてすべて改ざんしていく必要がある仕組みとなっているため、データの破壊・改ざんが極めて難しくなっている。

ウ．ブロックチェーンの仕組みでは、一部のシステムが停止・故障すると、システム全体の運行・稼働に与える影響が大きいという問題点がある。

エ．ブロックチェーンの特長として、一度ブロックチェーン上に配置したプログラムであっても、その変更が容易である点が挙げられる。

解説　ブロックチェーン

ア適　切。ブロックチェーンは、取引履歴が暗号技術によって過去から1本の鎖のようにつなげるかたちで記録され、一つの取引履歴は、合意された取引記録の集合体と、各取引履歴を接続させるための情報で構成されている。

イ不適切。「それより古い取引について」が誤りで、正しくは「それより新しい取引について」である。ブロックチェーンは、ある取引について改ざんを行うためには、それより新しい取引についてすべて改ざんしていく必要がある仕組みとなっているため、データの破壊・改ざんが極めて難しくなっている。

ウ不適切。ブロックチェーン化された取引記録は、特定の管理主体が存在する通常の集中管理型システムと異なり、複数のシステムがそれぞれ情報を保有し、常に同期が取られる「分散型台帳」という仕組みで管理されているため、一部のシステムが停止・故障しても、システム全体の運行・稼働に与える影響を抑制することが可能となっている。

エ不適切。ブロックチェーンは、改ざんが困難なことに起因して一度ブロックチェーン上に配置したプログラムの変更は困難とされている。

解答　ア

問題14. 以下のアからエまでのうち、WMSの説明として最も<u>適切な</u>ものを１つ
選びなさい。

ア．自社 Web サイトや店舗で取得した顧客情報や購買履歴、自社 Web サイト
へのアクセスログ情報などが一元管理されていることから、それら顧客の
詳細情報をもとに、顧客一人ひとりのニーズに合ったアプローチが可能で
ある。

イ．履歴書管理、応募者の選考状況管理、応募者の評価データ管理、応募者に対
するメール通知、応募者の絞り込みなどを一元管理することで抜け漏れを防
ぐことができ、採用活動の効率がアップする等といったメリットがある。

ウ．購入履歴や顧客情報が一元管理されると、例えば、実店舗に行って希望の
商品の在庫がなかった場合、オンラインショップで注文して店舗で受け
取ったり、自宅に届けてもらうなどの柔軟な対応も可能となる利点がある。

エ．在庫管理、出入荷などをデジタル技術で一元的に管理して、作業ミスの減
少、作業時間の短縮などを通して生産性の向上が図られる。

解説　WMS

ア不適切。プライベート DMP（DMP；Data Management Platform）につい
ての説明である。

イ不適切。ATS（採用管理システム、Applicant Tracking System）について
の説明である。

ウ不適切。オムニチャネルについての説明である。

エ適　切。WMS は、Warehouse Management System の略で、物流センター
などの倉庫内の業務をデジタルによって管理するシステムのこと
である。在庫管理、出入荷などを一元的に管理して、作業ミスの減
少、作業時間の短縮などを通して生産性の向上が図られる。

解答　エ

問題15. デジタルツインに関する以下のアからエまでの記述のうち、最も適切で はないものを１つ選びなさい。

ア．デジタルツインとは、現実世界の物体や環境から収集したデータを使い、 仮想空間上に全く同じ環境を再現するテクノロジーのことで、 直訳する と「デジタルの双子」という意味である。

イ．デジタルツインの製造業での活用法として、製品の試作をローコストで繰 り返す、製造ラインも含めた検証・予測をすることにより製造時のリスク の低減を図ることなどが挙げられる。

ウ．デジタルツインは、実際に現場へ行かなくてもその場所の状態を把握する ことができ、そのための状態を感知するためのセンサーも不要である。

エ．デジタルツインを利用することで、実際に現場に行かずとも、その場所の 状態を把握することができることから、故障予知や保守メンテナンスを遠 隔操作で実施することにも活用されている。

解説　デジタルツイン

ア適　切。記述の通り。リアルタイムで取得した情報をもとにサイバー空間上 で現実空間の状況を把握すること、また、サイバー空間上で現実空 間の分析やシミュレーションを行い、その結果を現実空間にフィー ドバックすることなどが可能になる。

イ適　切。記述の通り。デジタルツインは、製造業、建設業、物流業などの産 業課題解決に活用されている。

ウ不適切。デジタルツインは、実際に現場へ行かなくても、その場所の状態を 把握することができ、そのためには、状態を感知するためのセン サーやデータを収集・管理するための情報基盤が必要である。デジ タルツインは現実世界の状態を継続的に感知するためのセンサー、 通信のためのネットワーク、データを集約・管理・活用する情報基 盤が技術要素となる。

エ適　切。記述の通り。デジタルツインにより遠隔操作が可能となることによ り、コスト削減やリスクの軽減に繋がる。

解答　ウ

問題16. 製造現場で求められるDXに関する以下のアからエまでの記述のうち、最も適切ではないものを1つ選びなさい。

ア. 部品の「生産環境を記録したデータ」を後から呼び出すことにより、不良品発生の原因が特定でき、以後同様の不具合発生を防止する対策を施し、生産管理を行うことができるようになる。

イ. RFIDやIoTを利用することにより、トレーサビリティを実現すれば、特定の部品が「どの工場でいつ生産されたものか」というデータを収集蓄積することができる。

ウ. 「スマートファクトリー」の導入により、工場内のあらゆる作業現場に、人の快適な作業環境として高品質のデザインを施すことができるため、労働環境全般の快適性を高めることができる。

エ. モノづくりだけでなく、データも併せて活用し、生産性向上、品質向上、リードタイム短縮を実現し、製品を生産していくことができる。

解説　製造業のDX

ア適　切。記述の通り。

イ適　切。「トレーサビリティ」とは、日本語で「追跡可能性」のことである。

ウ不適切。工場内のあらゆる作業現場を、人の快適な作業環境として高品質のデザインを施すことによって、労務環境全般の快適性を高めることは、「スマートファクトリー」の目的ではない。スマートファクトリーとは、工場内のあらゆる機器や設備をインターネットに接続し、IT技術による自動化や最適化で生産性を高めた工場のことである。

エ適　切。モノづくりだけでなく、データも併せて活用し、生産性向上、品質向上、リードタイム短縮を実現し、製品を生産していくことを「デジタルマニュファクチャリング」と呼ぶ。

解答　ウ

19

問題17. 小売業のDXに関する以下のアからエまでの記述のうち、最も適切ではないものを１つ選びなさい。

ア．OMO とは、自らが企画・生産した商品を、EC サイト等の仲介業者を介在させず、自ら開設したウェブサイト等を通して消費者へダイレクトに商品を届ける販売方法である。

イ．オンライン接客とは、インターネットを通じたフェイス・トゥ・フェイスの接客のことであり、専門性を持つスタッフによるオンラインによる接客は、消費者にとって情報の非対称性を解消する有益な手段となっている。

ウ．ショールーミングとは、実店舗で商品の現物をチェックし EC で購入する消費行動を指し、従来は実店舗側からはネガティブな印象を持たれていたが、近年は消費者の新たな生活様式に即した販売スタイルとして積極的に促す取組みも行われている。

エ．　BOPIS とは、EC 購入商品の店舗受け取りのことであり、消費者にとっては送料負担がない、好きなタイミングで商品を受け取ることができるなどのメリットがあり、企業側にとっても物流コストの低減化、顧客との接客機会の創出などのメリットがある。

解説　小売業のDX

ア不適切。OMO（Online Merges with Offline）とは、「オンラインとオフラインを融合した世界」を意味し、オンラインとオフラインを分けずに境界線をなくして顧客に最適なサービスを提供することにより、CX（顧客体験）の向上を目指す考え方である。本肢の記述は、「D2C（Direct to Consumer）」の説明である。

イ適　切。オンライン接客とはその名の通りインターネットを通じたフェイス・トゥ・フェイスの接客である。効能や特性の違いがわかりづらい商品は、専門性を持つスタッフによるオンラインによる接客が消費者にとって情報の非対称性（商品やサービスの売り手と買い手の間で保有する情報に格差があること）を解消できる有益な手段となっている。新型コロナウイルス感染症拡大を契機にアパレル販売や化粧品販売を中心に広まり、家具販売や家電販売、食品販売といったさまざまな業種でも導入が進んでいる。

ウ適　切。ショールーミングとは、実店舗で商品の現物をチェックし EC で購入する消費行動を指す。以前からショールーミングの消費行動は広く認識されており、実店舗側からはネガティブな印象で捉えられていたことが多いが、新型コロナウイルス感染症拡大を契機に消費者の新たな生活様式に即した販売スタイルとしてショールーミングを積極的に促す取組み（試着用商品のみを置き在庫は置かずに省スペースで運営するアパレル店舗や、試食に特化して EC での購入を促す食品の店舗など）も行われている。

エ適　切。EC 購入商品の店舗受け取りは「BOPIS : Buy Online Pick-up In Store」といわれている。消費者にとっては送料負担がない、好きなタイミングで商品を受け取ることができる他、商品を探す時間の短縮や返品のしやすさといったメリットがある。一方、企業側にとっても物流コストの低減化、EC から実店舗への送客、顧客との接客機会の創出といったメリットがある。

解答	ア

問題18. RFIDに関する以下のアからエまでの記述のうち最も<u>適切ではないもの</u>を1つ選びなさい。

ア．RFID とは、IP アドレスを埋め込んだタグから、インターネットや 5G の電波などを用いた無線通信によって、遠隔地の情報を得ることができるシステムである。

イ．RFID を部品に埋め込んでおけば、製品の出荷後であっても、その部品がいつどの工場で製造されたかを把握できるなどのトレーサビリティが実現される。

ウ．RFID は、店舗における商品の在庫管理、物流倉庫における検品作業、オフィス内の備品管理などに利用される。

エ．バーコードはレーザなどでタグを一枚ずつスキャンするのに対し、RFID では、電波で複数のタグを一気にスキャンすることができる。

解説　RFID

ア不適切。RFID は UHF 帯などの近距離無線通信を用いてタグのデータを読み取るものであり、IP アドレスは必要がなく、また 5G を使う必要はない。

イ適　切。記述の通り。

ウ適　切。記述の通り。

エ適　切。記述の通り。

解答　ア

問題19. Eコマースに関する以下のアからエまでの記述のうち、最も<u>適切ではな</u><u>い</u>ものを１つ選びなさい。

ア．Eコマースとは、インターネットを利用した電子商取引であり、インターネットを介して商品やサービスの売買を行う取引および仕組みのことである。

イ．マーケットプレイス型ECモールとは、ECモールに商品を出品するタイプのECモールである。

ウ．自社でECサイトを構築・運営する自社ECサイトは、自社の特徴や独自性を強調したブランディングが可能というメリットがあり、通常、集客にかかるコストもECモールへの出店よりも低く抑えられる。

エ．ECモールの例として、楽天市場やAmazonがあり、出店者にとって、高い集客力やサポートがメリットであるが、利用料等の費用がかかる、顧客情報の管理がモール運営企業である点などがデメリットである。

解説　Ｅコマース

ア適　切。記述の通り。Ｅコマースとは、「Electric Commerce」の略である。

イ適　切。記述の通り。ECモールには大きく分けて以下の３種類がある。

　　　・テナント型 EC モール：EC モールサイト内にショップを出店するタイプ

　　　・マーケットプレイス型 EC モール：EC モールに商品を出品するタイプ

　　　・統合管理型 EC モール：自社運営の複数ショップを一元管理するタイプ

ウ不適切。自社 EC サイトの場合、既に有名でプロモーションをしなくとも売れる商品などでない限り、自社で集客を行う必要があるため、EC モール出店よりプロモーションコストがかかる。

エ適　切。記述の通り。デメリットがあるため、ユニクロなど、大手メーカーでも EC モールに出店していない企業がある。

解答　ウ

問題20. BIM／CIMに関する以下のアからエまでの記述のうち、最も<u>適切ではな</u><u>い</u>ものを１つ選びなさい。

ア．BIM／CIM とは、建設業と土木業において、計画や設計段階から３次元モ
デルを導入し、一連の建設生産・管理システムの効率化等を図ることである。

イ．BIM／CIM に関連して、電子データを利活用した生産方式として挙げられ
るフロントローディングとは、初期の工程において負荷をかけて事前に集
中的に検討する手法で、後工程で生じる可能性が高い仕様変更や手戻りを
未然に防ぎ、品質向上や工期の短縮化に効果があるとされている。

ウ．BIM／CIM に関連して、電子データを利活用した生産方式として挙げられ
るコンカレントエンジニアリングとは、製造業等での開発プロセスを構成
する複数の工程を同時並行で進め、各部門間での情報共有や共同作業を行
う手法で、開発期間の短縮やコストの削減に効果があるとされている。

エ．BIM／CIM は、従来の２次元図面ではなく、３次元モデルで表現する方式
であり、２次元図面よりもモデルの作成時間は短縮される。

解説　BIM／CIM

ア適　切。BIM／CIM は、Building／Construction Information Modeling ,
Management の略である。建設、工事情報のモデル化及び建設業、
土木業において、計画、調査、設計段階から３次元モデルを導入し、
その後の施工、維持管理の各段階における３次元モデルを連携・発
展させ、事業全体にわたる関係者間の情報共有を容易にし、一連の
建設生産・管理システムの効率化・高度化を図ることである。

イ適　切。フロントローディング（front-loading）は、製品開発のプロセスの初
期段階に負荷をかけて、事前に設計検討や問題点の改善を図ること
により、早い段階で設計品質を高めることを可能にする手法である。

ウ適　切。記述の通り。コンカレントエンジニアリングとは、製造業の製品開
発工程において、複数のプロセスを同時並行で進行させることで、
開発期間の短縮や業務の効率化、コストの削減をはかる手法である。

エ不適切。BIM／CIM は、３次元モデルで表現する方式であるため、可視化
の効果がより大きくなり、建設地における住民等への説明におい
ては理解の促進に寄与するが、データサイズが大きいことや、３次
元モデルの作成時間の増加が課題とされている。

解答　エ

問題21. HRテックに関する以下のアからエまでの記述のうち、最も<u>適切ではな</u><u>い</u>ものを１つ選びなさい。

ア．HRテックとは、人事（Human Resources：HR）と技術（Technology）を組み合わせた造語である。

イ．HRテックのシステムを導入することにより、人事分野における煩雑な業務の大幅な効率化や業務の質の向上をはかることができるというメリットがある。

ウ．企業にマッチしている候補者をAIが選択し、情報を提供するという、「HRテック」を利用した転職スカウトサービスを提供している会社も存在している。

エ．HR テックとは、人材採用の際に履歴書、採用プロセス進捗等の一元管理を行う採用管理システムのことである。

解説　HR テック

ア適　切。記述の通り。

イ適　切。記述の通り。HR テックを導入し、「データ」と「テクノロジー」を活用することで、AI 等によるビッグデータの分析、定量的・具体的なデータに基づいた人材戦略や組織の運営が期待できる。

ウ適　切。株式会社リクルートの「リクナビ HRTech 転職スカウト」では、独自に開発した AI がリクルートエージェントとリクナビ NEXT のデータベースから、企業にマッチしていると思われる候補者を自動的に毎日紹介。企業は紹介された候補者のキャリア情報を見ながら○△×を選ぶだけでスカウトメールを送ることが可能。候補者が応募してきた後の面接の日程調整や入社までのフォローは、リクルートのエージェントがサポートする仕組みになっている。

エ不適切。これはATS（採用管理システム：Applicant Tracking System）に関する説明である。ATSは、HRテックに含まれるもので、本肢はHRテックの説明ではない。

解答　エ

問題22. サブスクリプションに関する以下のアからエまでの記述のうち、最も<u>適切</u>
<u>ではない</u>ものを１つ選びなさい。

ア. サブスクリプションとは、「料金を支払うことで、製品やサービスを一定期
間利用することができる」サービスであり、新聞や定期購読の雑誌などが、
もともとその原型として知られていた。

イ. サブスクリプションは、データやソフトウェアを利用するデジタルサービ
スが対象であり、非デジタルの製品の場合には、サブスクリプションでは
なくレンタルサービスがそれに該当する。

ウ. サブスクリプションは、動画配信サービスや音楽配信サービスで主流に
なっており、「Spotify」や「Amazon プライム」、「Netflix」などはサブスク
リプションモデルである。

エ. サブスクリプションサービス市場は、デジタルコンテンツ業界を中心に
2010年代中頃から拡大してきたが、近年は、衣・食・住など日常生活に欠
かせないものを提供する業界でも継続的にサービスを提供する形態が広
がっており、2023年の市場規模は、約9,430億円の見込みである。

解説　サブスクリプションサービス

ア適　切。記述の通り。「サブスク」の略称もよく使われている。

イ不適切。元来、出版における定期購読は、サブスクの原型として知られてお
り、最近は洋服や家具、車、サプリメントや食品など、非デジタル
の製品にもサブスクモデルが増えている。またレンタルは、商品を
「一定の間借りる」サービスであり、返却の必要があるが、サブス
クは「一定の期間利用する」サービスであり、料金を支払い続ける
限り利用することができる。

ウ適　切。記述の通り。

エ適　切。矢野経済研究所の「サブスクリプションサービス市場に関する調査」
（2023年）によれば、2018年度の国内のサブスクリプションサー
ビスの市場規模は 5,627 億 3,600 万円であったが、2023年度には
約 9,430 億円になるとの予測が示されている。

解答　イ

問題23. シェアリングエコノミーに関する以下のアからエまでの記述のうち、最も適切ではないものを1つ選びなさい。

ア. シェアリングエコノミーとは、インターネットを介して個人がモノや場所、スキルなどを必要な人に提供したり、共有する「シェア」の考え方で行われるサービスや経済活動のことをいう。

イ. シェアリングエコノミーは、民間の経済活動として発展し、消費者同士で取引をする「C to C」のビジネスモデルが多いため、防災、遊休資産の活用といった地方自治体等が主体となる地域課題の解決には適していない。

ウ. シェアリングエコノミーの経済効果の一つとして、これまで明確な需要はあったものの供給が不足していた製品・サービスの供給量の増加による、消費拡大が挙げられる。

エ. シェアリングエコノミー協会では、シェアリングエコノミーをモノのシェア、場所（空間）のシェア、乗り物（移動）のシェア、スキルのシェア、お金のシェア、の5種類に分類している。

解説　シェアリングエコノミー

ア適　切。記述の通り。

イ不適切。2020年7月14日、自治体におけるシェアリングエコノミーの導入や運営を支援する組織として、一般社団法人シェアリングエコノミー協会内に任意団体としてシェアリングシティ推進協議会が設立され、2023年9月時点で140を超える全国の自治体会員が参加している。

ウ適　切。シェアリングエコノミーが進展することによって、これまで市場に出ていなかった遊休資産が市場に出ることになる。結果として、これまで明確な需要はあったものの供給が不足していた製品・サービスの供給量が増加し、プラットフォーム上で需給がマッチングされることによって、消費が増加することが期待される。

エ適　切。シェアリングエコノミー協会では、モノのシェア（フリマ・レンタルなど）、場所（空間）のシェア（ホームシェア・駐車場・会議室など）、乗り物（移動）のシェア（カーシェア・ライドシェアなど）、スキルのシェア（家事・介護・育児・知識など）、お金のシェア（クラウドファンディング）、の5種類に分類している。

解答　イ

問題24. クラウドファンディングに関する以下のアからエまでの記述のうち、最も適切ではないものを1つ選びなさい。

ア．クラウドファンディングとは、インターネットを介して、不特定多数の人から少額ずつ資金を調達するものである。

イ．購入型のクラウドファンディングの場合、起案者は、支援者にリターンとして、金銭、または商品やサービスを返す必要がある。

ウ．寄付型のクラウドファンディングは、支援者がリターンを受け取らない仕組みであるが、記念品や活動報告などの返礼を受け取ることはある。

エ．投資型・金融型のクラウドファンディングは、支援者が株式やファンドを取得し、配当やファンドの運用益の分配を受けるため、金融商品取引法の規制対象となる。

解説　クラウドファンディング

ア適　切。記述の通り。「クラウド：群衆」と「ファンディング：資金調達」を組み合わせた造語である。

イ不適切。購入型のクラウドファンディングでは、支援者はそのリターンとしてモノやサービスを受け取るが、リターンとして金銭を受け取ることはない。目標金額が達成された場合に限りプロジェクトが成立して支援金を受け取る「All-or-Nothing型」と、目標金額が達成されなくても、支援者が1人でも出ればプロジェクトが成立して支援金を受け取る「All In型」がある。

ウ適　切。記述の通り。支援者が対価性のない返礼を受け取ることはある。

エ適　切。記述の通り。金融商品が取り扱われるため、金融商品取引法の規制対象となる。

解答　イ

問題25. MaaSに関する以下のアからエまでの記述のうち、最も適切なものを1
つ選びなさい。

ア．MaaS の対象となるサービスは、交通・移動サービスに限定されない。

イ．2024 年 1 月現在、MaaS の取組みは、日本では行われていない。

ウ．日本では、陸上交通事業調整法において、MaaS の円滑な普及に向けた措
　　置が規定されている。

エ．世界初といわれる MaaS アプリ「Whim」は、デンマークの企業により実
　　用化された。

解説　MaaS

ア適　切。MaaS（Mobility as a Service）とは、地域住民や旅行者一人一人の
　　　　トリップ単位での移動ニーズに対応して、複数の公共交通やそれ以
　　　　外の移動サービスを最適に組み合わせて検索・予約・決済等を一括
　　　　で行うサービスであり、観光、医療等の交通以外のサービスとも連
　　　　携される。

イ不適切。群馬県前橋市の「MaeMaaS」は、2020 年から実証実験を開始、2022
　　　　年から社会実装しており、地域住民、市外からの来訪者にとって使
　　　　いやすい公共交通サービスとしての整備を推進している。

ウ不適切。2020 年 11 月に改正された「地域公共交通の活性化及び再生に関す
　　　　る法律（平成 19 年法律第 59 号）」において、MaaS の円滑な普及
　　　　に向けた措置として、「新モビリティサービス事業計画」および「新
　　　　モビリティサービス協議会」の項目が新設され、主に以下の事項を
　　　　規定している（36 条の 2、36 条の 4）。

　　　　・MaaS に参加する交通事業者等が策定する新モビリティサービ
　　　　　ス事業計画の認定制度を創設し、交通事業者の運賃設定に係る
　　　　　手続をワンストップ化

　　　　・MaaS のための協議会制度を創設し、参加する幅広い関係者の
　　　　　協議・連携を促進

エ不適切。「Whim」は、フィンランドの企業である MaaS Global 社が、世界
　　　　で初めて 2016 年末に実用化した MaaS アプリである。

解答　ア

問題26.「デジタルトランスフォーメーション銘柄（DX銘柄）2022」に選定され
た企業におけるDXの取組みに関する以下のアからエまでの記述のうち、
最も適切ではないものを1つ選びなさい。

ア．株式会社小松製作所は、建設現場に関するさまざまな情報をICTでつな
ぎ、建設現場の安全・生産性を向上させる新たなビジネスモデル「DXス
マートファクトリー」を2020年4月より提供開始している。

イ．凸版印刷株式会社は、印刷事業から「情報の加工」を中核とする事業へ
のポートフォリオ変革を進め、2021年度は初めてDX関連事業の売上が
印刷事業を上回った。

ウ．サントリー食品インターナショナル株式会社は、自動販売機事業におい
て、「ロケーション別」（設置先別）の品揃えや、適正在庫配置等を実現
するためにAIを活用したDXを推進し、新しい品揃えモデルを確立した。

エ．富士フイルムホールディングス株式会社は、医用画像保存システムと病
院内通信システムである「PACS」および「医療機器ラインアップ」に医
療AI技術を搭載し、さまざまな疾患の早期発見と医療従事者の業務効率
化を推進している。

解説　DX 銘柄に選定された企業における DX の取組み

ア不適切。「DXスマートファクトリー」が誤りで、正しくは「DXスマートコ
　　　　ンストラクション」である。株式会社小松製作所は、建設現場に
　　　　携わる人・モノ(機械・土など)に関するさまざまな情報をICTでつ
　　　　なぎ、建設現場の安全・生産性を飛躍的に向上させる新たなビ
　　　　ジネスモデル「DXスマートコンストラクション」を2020年4月より
　　　　提供開始し、施工現場でのデジタルツインを実現しDXを加速さ
　　　　せている。

イ適　切。凸版印刷株式会社は、印刷事業から「情報の加工」を中核とする
　　　　事業へのポートフォリオ変革（ターゲット市場の変更）を進め、
　　　　グループ全体での組織再編や人事処遇制度の見直し、企業ブラン
　　　　ディング、研究開発予算の拡大、人財の獲得・育成策などに全社
　　　　をあげて取り組み、2021年度は初めてDX関連事業の売上が印刷
　　　　事業を上回った。

ウ 適　切。元来自動販売機事業において、1台毎に異なるユーザーの飲みたい気持ちに寄り添った「ロケーション別」（設置先別）の品揃えや、ユーザーが飲みたい時に品切れなく確実に商品を購入できる適正在庫配置を実現したいと考えていたサントリーは、その実現に向けて、2018年からAIを活用したDXを推進し、業務を効率化しつつ新しい品揃えモデルを確立した。

エ 適　切。富士フイルムの医療AI技術は、同社の世界シェアNo.1の医療用画像保存システムと病院内通信システムである「PACS」および同社独自で他に例がない「医療機器ラインアップ」に搭載されており、2019年度の実績である57か国から2030年度には世界196か国に導入を拡大する計画である。このデジタル技術を用いた独自の取り組みにより、世界中でさまざまな疾患の早期発見と医療従事者の業務効率化を推進し、持続的な健康社会の実現に貢献する、としている。

解答　ア

第3章　DX企業の現状

問題27. デジタルディスラプターに関する以下のアからエまでの記述のうち、最も<u>適切ではない</u>ものを１つ選びなさい。

ア．デジタルディスラプターとは、デジタルテクノロジーを活用することにより既存のビジネスモデルを破壊し、新しいビジネスモデルに置き換えることにより急成長していく企業のことを指す。

イ．デジタルディスラプターには、GAFAのほか、Netflix、Uber、Airbnb 等のデジタル技術をベースに急成長した新興企業が該当する。

ウ．デジタルディスラプターは、従来存在しなかったまったく新しい市場を生み出すことで、新領域に事業を展開していく戦略をとり、新市場（ブルーオーシャン）を創造するので、必然的に他社と競合することなく事業を展開することができる。

エ．デジタルディスラプターは、消費者にとって、価格の低下、利便性の向上、新しい購買体験などをもたらす等、生み出すメリットが多い。

解説　デジタルディスラプター

ア適　切。デジタルディスラプターとは、クラウドやビッグデータ、IoT、AI などのデジタルテクノロジー等を活用したDXによって新しいビジネスモデルを実現し、既存のプレーヤーに業界の秩序やビジネスモデル等の破壊的な影響をもたらす企業のことをいう。

イ適　切。Netflixなどのインターネット動画配信サービスが登場したことで、大手レンタルビデオ・DVDチェーンが倒産に追い込まれた。また、小売業以外でも、タクシー配車サービスのUberや民泊仲介サービスのAirbnbといったシェアリングエコノミーの出現は、既存の業界に破壊的な打撃を与えたといわれている。

ウ不適切。「デジタルディスラプター」の多くは、既存の企業が持つ「足かせ」が無い状態でデジタル時代に最適化したビジネスモデルで各業界に参入するため、驚くべき（破壊的）スピードで業界のシェアを奪っていき、従来企業は市場からの退場を迫られる場合が多い。

エ適　切。記述の通り。

解答　ウ

問題28. GAFAなどの巨大デジタルプラットフォーマーに関する以下のアからエまでの記述のうち、最も適切ではないものを1つ選びなさい。

ア.「GAFA」とは、米国の巨大DX企業であるGoogle、Amazon、Facebook（現Meta Platforms）、Appleの頭文字をとったものであり、Microsoftを加えて「GAFAM」、NetAppを加えて「FANGAM」とも呼ばれている。

イ. プラットフォーマーは、さまざまなサービスの提供を通じて、名前やユーザー名、IPアドレス等の属性データや、購買活動やコミュニケーション等のさまざまなアクティビティデータを取得している。

ウ. プラットフォームの中でもIT技術やデータ等を用いてシステムやサービスを提供するものを「デジタルプラットフォーム」といい、デジタルプラットフォームにおける取引の透明性と公正性の向上を図るために、「特定デジタルプラットフォームの透明性及び公正性の向上に関する法律」が2020年5月に成立し、2020年6月に公布された。

エ. 複数の国にまたがり事業を展開し巨額の利益を得ているGAFAのような企業に対し、利用者がいて売り上げがある国や地域が課税できないことについて、サービスの利用者がいれば課税可能となるデジタル課税導入が2021年の国際会議で合意され、進められている。

解説　デジタルプラットフォーマー

ア不適切。「FANGAM」は、「GAFAM」にNetflixのNを加えたものである。

イ適　切。プラットフォーマーは、さまざまなサービスの提供を通じて、名前やユーザー名、IPアドレス等の属性データや、購買活動やコミュニケーション等のアクティビティデータを取得している。

ウ適　切。「特定デジタルプラットフォームの透明性及び公正性の向上に関する法律」は、2020年5月27日に成立し、6月3日に公布された。デジタルプラットフォームのうち、特に取引の透明性・公正性を高める必要性の高いものを提供する事業者を「特定デジタルプラットフォーム提供者」として指定し、規律の対象とする。

エ適　切。記述の通り。2021年に開催されたG20財務省・中央銀行総裁会議で経済のグローバル化とデジタル化に対応した国際課税の枠組みについて閣僚レベルで最終合意し、拠点の有無にかかわらず、サービスの利用者がいれば企業に税負担を求められるようにする、いわゆる「デジタル課税」の導入が進められている。

解答　ア

問題29. Googleに関する以下のアからエまでの記述のうち、最も適切ではないものを１つ選びなさい。

ア．Google は、創業当初より独自のアルゴリズムによる検索エンジンの開発を進め大企業に成長し、検索エンジン以外にも多数のサービスを展開している。

イ．Google の検索以外の事業で提供しているものとして、ウェブブラウザの「Chrome」、動画共有サービスの「YouTube」、コンテンツ配信サービスの「Google Play」などがある。

ウ．Google の広告には、広告主向けの Google 広告と広告掲載先（サイト運営者）向けの Google アドセンスの２種類があり、ネットの検索と連動する広告は費用対効果に優れ、従来型の広告の衰退をもたらしたともいわれている。

エ．Google が開発した OS は Android であり、Google Pixel Watch にも Android が使用されているため、Google Pixel スマートフォンと連携し、Gmail や Google カレンダーが使用できる。

解説　Google

ア適　切。記述の通り。創業は、1998年である。

イ適　切。記述の通り。他に、地図サービスの「Googleマップ」、メールサービスの「Gmail」などがある。

ウ適　切。記述の通り。広告は、Googleの収益の多くを占める事業である。

エ不適切。Google Pixel WatchのOSは、Wear OS 3.5であり、Androidではない。

解答　エ

問題30. Appleに関する以下のアからエまでの記述のうち、最も<u>適切な</u>ものを1
つ選びなさい。

ア．Apple は、GAFA の中で最も古い歴史を持ち、ハードウェアとソフトウェ
アの両方を手掛け、Apple Pay や Apple Music などのサービスも提供して
いる。

イ．Apple の主力製品は、携帯電話端末の iPhone であるが、iPhone で成功し
た後にパーソナルコンピュータの Macintosh を発売し、同じく主力製品に
なっている。

ウ．Apple のアプリケーションである iTunes は、Windows パソコンでも音楽、
映画などを楽しめるが、広告表示なしで使用したい場合は、月額料金を支
払う必要がある。

エ．Apple が開発したウェブブラウザである Safari は、Windows 版や Linux
版も提供されており、広く利用されている。

解説　Apple

ア適　切。記述の通り。GAFAの中で最も古く、1976年の創業である。

イ不適切。発売は、iPhoneよりMachintoshのほうが先であった。

ウ不適切。iTunesは、無料で広告表示なしに使用することができる。

エ不適切。Safariは、以前はWindowsでも使用できたが、Windows対応版の
サポート期間はすでに終了しており、現在は、AppleのOSである
macOS、iOS、iPadOSでのみ使用可能である。SafariのLinux版
は提供されたことはない。

解答　ア

問題31. Meta Platformsに関する以下のアからエまでの記述のうち、最も<u>適切で</u><u>はない</u>ものを１つ選びなさい。

ア．ソーシャルネットワーキングサービスの Facebook において、登録時に利用者は、実名登録する必要がある。

イ．Meta Platforms は、Facebook 時代に、画像共有サービスの Instagram、メッセージアプリの Chatwork を買収し、ビジネスの拡大を図ってきた。

ウ．Meta Platforms は、仮想化技術に力を入れており、仮想空間の「メタバース」の開発を進めている。

エ．Meta Platforms は、VR 用ヘッドセットの Meta Quest、スマートビデオ通話デバイスである Meta Portal Go やスマートグラスなどを発売しているが、日本では購入できない製品もある。

解説　Meta Platforms

ア適　切。記述の通り。Facebook の利用者は、自分の実名を登録しなければならない。

イ不適切。当時の Facebook 社が 2014 年に買収したメッセージアプリの企業は、「WhatsApp」である。

ウ適　切。記述の通り。近年は、仮想現実（VR）や拡張現実（AR）の技術に力を入れている。

エ適　切。記述の通り。Meta のウェブサイトで販売されているが、「この地域では購入不可」と記載されている製品もある。

解答　イ

問題32. Amazonに関する以下のアからエまでの記述のうち、最も適切ではないものを１つ選びなさい。

ア．Amazon は、1995 年の創業当初は、インターネット専門の書店という位置づけであったが、現在は、書籍のみならず、コンテンツ、家電・家庭用品、衣類、食品・飲料など多くの商品を扱っている。

イ．Amazon は、電子書籍リーダー「Kindle」、クラウドベースの音声サービス Alexa を利用するスマートスピーカー「Echo」などのデバイスの開発販売も行っている。

ウ．Amazon エフェクトとは、少数の人気商品中心に売上を上げるのではなく、多数の個々では販売数の少ないニッチな商品の販売数を全体で積み重ねることで、全体の売上げを確保する戦略である。

エ．Amazon は、実際の利益の多くはクラウドサービスから得ており、AWS は、日本国内におけるクラウドサービスの IaaS 市場（2022 年）では、最大のシェアを占めるとされている。

解説　Amazon

ア適　切。記述の通り。現在は、Amazon Prime Video や Amazon Music といったサブスクリプションのサービスも提供している。

イ適　切。記述の通り。Alexa とスマートホーム対応製品を組み合わせて家電をスマートホーム化するといった提案もしている。

ウ不適切。記述は、ロングテール戦略のことであり、Amazon エフェクトとは、Amazon の急成長に伴い様々な市場で進行している混乱や変革などの現象のことである。

エ適　切。記述の通り。AWS（Amazon Web Service）は、簡単に始められることも多くの人に利用されている要因である。

解答　ウ

問題33. 配車サービスに関する以下のアからエまでの記述のうち、最も適切ではないものを1つ選びなさい。

ア. 東南アジア配車サービスの最大手「Grab」は、東南アジア各国で自家用車向け配車サービスや配送サービス等を提供するとともに、フードデリバリーや保険分野などにも参入しており、現在8か国500都市で事業を展開している。

イ. 「GO」は、モビリティテクノロジーズが2020年9月に開始したタクシー配車サービスアプリで、2024年1月現在、45都道府県で利用できる。

ウ. インドネシアのジャカルタに本社を置く「GOJEK」は、2021年にマーケットプレイスのスタートアップ企業であるTokopedia（トコペディア）と事業を統合した。

エ. 「Uber」は、新たに配車マッチングサービスの市場を生み出した企業で、自家用車向けの配車アプリを用いたサービスを展開。新型コロナウイルス感染症の流行拡大により売り上げが拡大し、日本における自家用車向け配車アプリで最も多い利用者数となっている。

解説　配車サービス

ア適　切。記述の通り。

イ適　切。記述の通り。「GO」は、DeNA が運営し、神奈川県で「タクベル」として親しまれていた「MOV」と、全47都道府県に対応してタクシーの車種も指定可能な「JapanTaxi」という2つのアプリが統合されてできたものである。

ウ適　切。「GOJEK」は、2010年の創業時は2輪車の配車サービスを提供していたが、現在は、ライドシェアと物流を中心に、「総合サービス業」のような業態になっている。

エ不適切。日本においては自家用車を用いて有償で運送を行う行為が、道路運送法上違法とされ、配車サービスを行うことができないため、Uberは、デリバリーサービスの「ウーバーイーツ」等を展開してきた。2024年4月にライドシェアが一定の条件の下で解禁となり、国土交通省は今後、タクシー事業者以外も参入できるように法整備を進めていく、としている。

解答　エ

問題34. LINEに関する以下のアからエまでの記述のうち、最も<u>適切ではない</u>ものを１つ選びなさい。

ア．LINE株式会社は、2023年10月にZホールディングス株式会社、LINE株式会社他各社と合併して、LINEヤフー株式会社となった。

イ．メッセンジャーアプリLINEの月間ユーザ数は、約5,000万人（2023年６月末時点）である。

ウ．LINEでは青少年のLINEでのトラブルを未然に防ぐ目的で、18歳未満のユーザは、LINEのID設定およびID検索、電話番号を利用した友だち検索、オープンチャットの一部機能を利用することができないよう、部分的な機能制限が実施されている。

エ．LINEの関連サービスには、「LINE MUSIC」「LINE Pay」「LINE NEWS」などがあり、多ジャンルにわたる事業展開が行われている。

解説　LINE

ア適　切。Zホールディングス株式会社、LINE株式会社、ヤフー株式会社、Z Entertainment株式会社およびZデータ株式会社は、グループ内再編に関する手続きを完了し、2023年10月1日より「LINEヤフー株式会社」として新たに業務を開始した。

イ不適切。メッセンジャーアプリLINEの月間ユーザ数は、約9,500万人（2023年６月末時点）である。

ウ適　切。記述の通り。キャリアと連携し年齢確認をすることで、18歳以上が確認された場合には機能制限がされない仕組みとなっている。

エ適　切。記述の通り。LINEというプラットフォームでさまざまな事業を展開している。

解答　イ

問題35. IT成長企業に関する以下のアからエまでの記述のうち、最も適切ではないものを１つ選びなさい。

ア．騰訊（テンセント）は、1998 年に中国で設立された世界最大規模のゲーム企業であり、SNS や決済サービス事業等で巨大な経済圏を展開している。

イ．Airbnb（エアビーアンドビー）は、2008 年に設立された空き部屋や不動産などの貸借をマッチングするサービスを運営するアメリカの企業で、シェアリングエコノミーの事業形態の１つである。

ウ．百度（バイドゥ）は、2000 年に設立された世界最大規模の流通総額をもつ BtoB を主体に成長した EC サービスを運営する中国の企業であり、現在は電子決済やクラウドでも大きな位置を占める。

エ．Samsung（サムスン）は、1969 年にサムスン電子として、エレクトロニクス業界に参入した韓国の大手電子機器メーカーであり、2021 年の世界スマートフォン出荷台数はサムスンが首位であった。

解説　IT 成長企業

ア適　切。記述の通り。

イ適　切。記述の通り。個人・法人を問わず利用が可能で、共用スペース、戸建て住宅、アパート、個室をはじめ、個人が所有する島に至るまで、幅広い物件が登録されている。

ウ不適切。これはアリババグループに関する説明である。百度（バイドゥ）は、2000 年に設立された中国最大の検索エンジンを運営する企業であり、世界の検索サービス市場でも Google に次ぐ規模を持つ。

エ適　切。記述の通り。2021 年の世界スマートフォン出荷台数はサムスンが首位の 2 億 7,200 万台で、シェアは約 20%だった。

解答　ウ

【第2課題　DX の技術】

第1章　AI

問題36. AIの歴史に関する以下のアからエまでの記述のうち、最も<u>適切ではない</u>ものを
1つ選びなさい。

ア.「AI」という言葉を初めて使用したといわれるアメリカの計算機科学者の
ジョン・マッカーシー教授は、AIを「知的な機械、特に、知的なコンピュー
タプログラムを作る科学と技術」と説明している。

イ. 第一次AIブームは1950年代後半から1960年代にかけて起こり、コンピュー
タによる「推論」や「探索」が可能となったが、さまざまな要因が絡み合っ
ているような現実社会の課題を解くことはできなかった。

ウ. 第二次AIブームは1980年代に起こり、専門分野の知識をAIが自ら学習する
「エキスパートシステム」が生み出された。

エ. 第三次AIブームは2000年代から現在まで続いており、AIが自ら膨大な情報
を学習・推論する「ディープラーニング」が可能となった。

解説　AI の歴史

ア適　切。1956 年に開催されたダートマス会議において、ジョン・マッカー
シー教授が「AI」という言葉を初めて使用し、「知的な機械、特に知
的なコンピュータプログラムを作る科学と技術」と説明した。

イ適　切。記述の通り。第一次 AI ブームでは、アメリカやイギリスで迷路や
チェスなどの簡単なゲームが開発されたが、現実に起きている問題
を自ら解決するまでには至らず、1970 年代には下火となった。

ウ不適切。第二次 AI ブームは 1980 年代に起こり、AI が与えられた知識を元
に問題解決をする「エキスパートシステム」の研究・開発が行われ
たが、AI が自ら知識を蓄えることまではできなかった。

エ適　切。記述の通り。第三次 AI ブームでは、AI 自身が知識を獲得する「機
械学習」が実用化され、次いで知識を定義する要素（特徴量）を AI
が自ら習得する「ディープラーニング」が登場した。

解答　ウ

問題37. AIに関する以下のアからエまでの記述のうち、最も<u>適切な</u>ものを1つ選びなさい。

ア．AIは、学術的には、「知的な機械、特に、知的なコンピュータプログラムを作る科学と技術」と定義されている。

イ．AIの分類において、特定の内容に関する思考・検討だけに優れている人工知能を、汎用人工知能という。

ウ．特化型人工知能は「強いAI」と呼ばれることもある。

エ．AIの研究には2つの立場があり、1つは、人間の知能そのものをもつ機械を作ろうとする立場、もう1つは、人間が知能を使ってすることを機械にさせようとする立場といわれている。

解説 AI

ア不適切。AIの定義は、研究者によって異なり、確立した学術的な定義はない。AI（人工知能）という言葉を初めて使用した、計算機科学者のジョン・マッカーシー教授がまとめたFAQ形式のAIの解説では、AIは「知的な機械、特に、知的なコンピュータプログラムを作る科学と技術」と説明されている。

イ不適切。「汎用人工知能」が誤りで、正しくは「特化型人工知能」である。人工知能は、汎用人工知能と特化型人工知能に大別することができ、汎用人工知能は、様々な思考・検討を行うことができ、初めて直面する状況に対応できる人工知能とされている。

ウ不適切。汎用人工知能は「強いAI」、特化型人工知能は「弱いAI」と呼ばれることもある。なお、「強いAI」は、意識や自我を持つAIのことを指すこともあり、必ずしも「汎用人工知能」と対応するものではないという考え方もある。

エ適　切。一般社団法人人工知能学会のホームページにある記述である。

解答　エ

問題38. 機械学習に関する次の文章中の（　　）に入る最も適切な語句の組み合わせを、以下のアからエまでのうち１つ選びなさい。

> 機械学習には大別して（　a　）と（　b　）の２つのプロセスがあり、基本的にそれぞれのプロセスで異なるデータを用いることとなる。（a）とは、入力されたデータを分析することにより、コンピュータが識別等を行うためのパターンを確立するプロセスである。この確立されたパターンを、「（　c　）済みモデル」という。（b）とは、（a）のプロセスを経て出来上がった（c）済みモデルにデータを入力し、確立されたパターンに従い、実際にそのデータの識別等を行うプロセスである。

ア．a．推論　　　　　b．学習　　　　　c．推論

イ．a．推論　　　　　b．学習　　　　　c．学習

ウ．a．学習　　　　　b．推論　　　　　c．学習

エ．a．学習　　　　　b．推論　　　　　c．推論

解説　機械学習

> 機械学習には大別して「学習」と「推論」の２つのプロセスがあり、基本的にそれぞれのプロセスで異なるデータを用いることとなる。学習とは、入力されたデータを分析することにより、コンピュータが識別等を行うためのパターンを確立するプロセスである。この確立されたパターンを、「学習済みモデル」という。推論とは、学習のプロセスを経て出来上がった学習済みモデルにデータを入力し、確立されたパターンに従い、実際にそのデータの識別等を行うプロセスである。

解答　ウ

問題39. 次の表は、利用可能なデータに基づく機械学習の分類を表したものである。表中の（　　）に入る語句の組合せとして、最も<u>適切な</u>ものを以下のアからエまでのうち１つ選びなさい。

	入力に関するデータ［質問］	出力に関するデータ（教師データ）［正しい答え］		主な活用事例
教師あり学習	与えられる	○	与えられる	（　a　）
教師なし学習	与えられる	×	与えられない	（　b　）
強化学習	与えられる（試行する）	△（間接的）	正しい答え自体は与えられないが、報酬（評価）が与えられる	（　c　）

出典：総務省 ICTスキル総合習得教材

ア．a．出力に関する回帰、分類

　　b．入力に関するグループ分け、情報の要約

　　c．将棋、囲碁、ロボットの歩行学習

イ．a．入力に関するグループ分け、情報の要約

　　b．出力に関する回帰、分類

　　c．将棋、囲碁、ロボットの歩行学習

ウ．a．出力に関する回帰、分類

　　b．将棋、囲碁、ロボットの歩行学習

　　c．入力に関するグループ分け、情報の要約

エ．a．入力に関するグループ分け、情報の要約

　　b．将棋、囲碁、ロボットの歩行学習

　　c．出力に関する回帰、分類

解説　機械学習の分類

　機械学習は、真実のデータや人間による判別から得られた正解に相当する「教師データ」の与えられ方によって教師あり学習」「教師なし学習」「強化学習」の３種類に分けられる。

	入力に関するデータ［質問］	出力に関するデータ（教師データ）［正しい答え］		主な活用事例
教師あり学習	与えられる	○	与えられる	出力に関する回帰、分類
教師なし学習	与えられる	×	与えられない	入力に関するグループ分け、情報の要約
強化学習	与えられる（試行する）	△（間接的）	正しい答え自体は与えられないが、報酬（評価）が与えられる	将棋、囲碁、ロボットの歩行学習

解答　ア

問題40. 機械学習の分析方法のうち、教師データをもとにデータを分類し、様々
な要因が結果に与える影響を把握する教師あり学習の手法の名称とし
て、最も適切なものを以下のアからエまでのうち１つ選びなさい。

ア．決定木

イ．k平均法

ウ．アソシエーション分析

エ．ソーシャルネットワーク分析

解説　機械学習の分析方法

「決定木」は、購入の有無などの結果（教師データ）をもとにデータを分類し、
様々な要因が結果に与える影響を把握する教師あり学習の一手法である。木の枝
のような段階を経て分かれる形（樹形図：じゅけいず）で判別基準を設定し、デー
タを分類する手法である。

k平均法、アソシエーション分析、ソーシャルネットワーク分析は、教師なし学習
の代表的な分析手法である。

解答　ア

問題41. ディープラーニングに関する以下のアからエまでの記述のうち、最も<u>適切</u><u>ではない</u>ものを１つ選びなさい。

ア．ディープラーニングのベースになるニューラルネットワークとは、神経細胞のネットワークで構成される人間の脳のように、神経細胞に相当する各ノードが層を成して接続されている情報処理のネットワークである。

イ．ニューラルネットワークのうち、データが入力される入力層とデータを出力する出力層との間に、中間層（隠れ層）が１層あるものを用いるのがディープラーニングである。

ウ．ニューラルネットワークは、文字や音声の認識といったパターン認識へ応用されている。

エ．ディープラーニングでは、多くのデータから自動的に特徴を抽出することが可能であり、抽出のための定義をあらかじめ人間が作る必要はない。

解説　ディープランニング

ア適　切。ニューラルネットワークとは、神経細胞（ニューロン）のネットワークで構成される人間の脳のように、神経細胞に相当する各ノードが層を成して接続されている情報処理のネットワークである。

イ不適切。中間層（隠れ層）が複数の層になっているものを用いるのがディープラーニングである。

ウ適　切。記述の通り。

エ適　切。ディープラーニングでは、抽出のための定義についても、コンピュータが自ら作ることが可能である。

解答　イ

問題42. 生成AIに関する以下のアからエまでの記述のうち、最も<u>適切ではない</u>もの
を１つ選びなさい。

ア．文章生成 AI「Chat（チャット）GPT」の「GPT」は、「Generative Pre-
trained Transformer」の略である。

イ．ChatGPT は、Microsoft の検索サービスである「Bing（ビング）」に搭載
されている。

ウ．「Midjourney（ミッドジャーニー）」は、文章生成 AI ではない。

エ．「Bard（バード）」は、Apple が言語生成モデル「LaMDA（ラムダ）」
をベースとして開発した、会話型生成 AI である。

解説　生成 AI

ア適　切。「Generative（生成）Pre-trained （事前に学習された）Transformer
（トランスフォーマー：自然言語処理に用いられる機械学習モデル
の名称）」である。

イ適　切。2023 年１月に、Microsoft の検索サービスである「Bing」への
ChatGPT の搭載が発表された。

ウ適　切。「Midjourney」は、アメリカの画像生成 AI である。

エ不適切。「Bard（バード）」は、Google が言語生成モデル「LaMDA（ラム
ダ）」をベースとして開発した、会話型生成 AI である。Google は
2023 年 12 月、テキストだけではなく、画像や音声等異なるデータ
を処理可能なマルチモーダル処理性能を向上させた AI モデル
「Gemini（ジェミニ）」を発表し、「Bard」に搭載。2024 年２月、
「Bard」の名称を「Gemini」に統一した。

解答　エ

問題43. クラウドAIに関する以下のアからエまでの記述のうち、最も<u>適切ではない</u>ものを１つ選びなさい。

ア．クラウド AI とは、機械学習等の AI 機能を搭載したクラウドサービスのことを指す。

イ．クラウド AI には、音声認識、画像認識、言語翻訳等のディープラーニング等を用いた機能の API が搭載されている。

ウ．クラウド AI の利用には専用の PC を必要としない。

エ．クラウド AI の特長として、タイムラグのない、リアルタイムの判断が可能である点が挙げられる。

解説　クラウド AI

ア適　切。記述の通り。

イ適　切。クラウド AI には、音声認識、画像認識、言語翻訳等のディープラーニング等を用いた機能の API が搭載されており、利用者は、必要な API を通じて必要な機能を扱うことができる。

ウ適　切。クラウド AI は、Web ブラウザとネットワーク接続があれば専用の PC を持たなくてもタブレットやスマートフォンから利用できるので、誰でも AI 技術を使えるようになるという意味で「AI の民主化」に寄与している。

エ不適切。クラウド AI は通信を介するため、反応に遅延が発生するデメリットも存在し、これについては、タイムラグのない、リアルタイムの判断が可能であるエッジ AI との使い分けの必要がある。

解答　エ

問題44. クラウドAIのメリットとデメリットとして最も<u>適切ではない</u>ものを、以下の
　　　　アからエまでのうち１つ選びなさい。

　ア．自社サーバに負荷がかからないメリットがある。

　イ．通信ネットワークに負荷がかかるデメリットがある。

　ウ．複雑で高度な処理が可能となるメリットがある。

　エ．反応に遅延が発生しにくく、リアルタイム性が担保されるメリットがある。

|解説　クラウド AI のメリットとデメリット|

ア適　切。学習・推論などの処理がクラウド上で行われるため、サーバにかか
　　　　　る処理の負荷を抑えることができる。

イ適　切。クラウド上のサーバと自社側の端末との間で、膨大なデータ量をイ
　　　　　ンターネット経由でやりとりするため、当然通信ネットワークに負
　　　　　荷がかかり、通信料金も増大する。

ウ適　切。クラウド AI では、クラウド上でデータの処理を行うため、複雑で
　　　　　高度なデータの処理にも対応できるメリットがある。

エ不適切。インターネットを介するため、反応に遅延が発生したりというデメ
　　　　　リットが存在する。自動運転車のようにリアルタイム性が求められ
　　　　　る AI の場合、クラウド AI とクラウドを利用しないエッジ AI の 2
　　　　　つを使い分ける必要がある。遅延については、通信環境、特に「5G」
　　　　　の技術で今後改善される可能性もある。

|解答　エ|

問題45. 画像認識の応用例として最も<u>適切ではない</u>ものを、以下のアからエまで
のうち１つ選びなさい。

ア．顔写真からの性別や年齢の推定

イ．手書き文字のテキスト変換

ウ．テキストの口語体から文語体への変換

エ．自動運転車の走行環境の把握

解説　画像認識

ア適　切。例えば、店舗の来客者の属性分析はこの例である。

イ適　切。手書き文字は画像として認識されるのが通常である。

ウ不適切。本肢の文面では画像認識は必要なく、テキスト処理の範疇である。

エ適　切。例えば、道路標識の認識はこの例である。

解答　ウ

問題46. 現実世界において実際には存在しないものを、表現・体験できる技術に
関する以下のアからエまでの記述のうち、最も適切ではないものを1つ
選びなさい。

ア．AR を利用したゲームの例として、任天堂株式会社の「ポケモン GO」が挙
げられる。

イ．MR は、コンピュータ表示を複数人が同時に同じものを見る業務（紹介、
協力作業）に活用される。

ウ．VR 利用の代表的な例として、都市計画等における景観シミュレーション
が挙げられる。

エ．xR とは、現実世界において実際には存在しないものを、表現・体験できる
技術の総称であり、AR、VR、MR は xR の1つである。

解説　AR/VR/MR

ア適　切。AR（拡張現実）は、スマートフォン等を利用して現実の映像の手
前にコンピューター画像を表示する技術で、現実の背景の手前に
表示されるポケットモンスターを捕獲、交換等するゲーム「ポケ
モン GO」はその利用例である。

イ適　切。MR（複合現実）は、メガネ等を通して見る視界全体の AR のイ
メージで、複数名での同時体験が可能である。

ウ不適切。景観シミュレーション（高層ビル、橋梁等の建造物の完成後の景
観を確認する作業）には、実際の景観に計画されている建造物を
重ね合わせて表示する AR（拡張現実）が向いている。VR（仮想
現実）は、現実世界を遮断して仮想世界を体験する技術で、ゲー
ムなどで利用されている。VR（仮想現実）による景観シミュレー
ションが不可能ということはないが、「代表的な例」として景観シ
ミュレーションが挙げられるのは AR である。

エ適　切。現実世界において実際には存在しないものを、表現・体験できる
技術を総称して「xR」という。実用化済の xR は、AR（拡張現
実）、VR（仮想現実）、MR（複合現実）に大別できるといえる。

解答　ウ

問題47. ロボットに関する以下のアからエまでの記述のうち、最も<u>適切ではない</u>ものを１つ選びなさい。

ア.「ロボット」の統一された定義はなく、組織、業種により複数の定義が存在する。

イ. ロボットは産業用ロボットとサービスロボットの２種類に大きく分けられる。

ウ. 産業用ロボットが備える特徴の一つである「マニピュレーション機能」とは、人間の目と脳のように、ある対象物を認識し、適切な動作を行うよう指令する機能である。

エ. 経済産業省は、ロボットフレンドリーな環境（ロボットを導入しやすい環境）の実現に向けて、「施設管理」「食品」「小売」「物流倉庫」の４分野を重点に、ユーザーとロボットSIer企業らが参画するタスクフォースでの検討や予算事業等を通じた支援措置を進めている。

解説　ロボット

ア適　切。「ロボット」の統一された定義はなく、組織、業種により複数の定義が存在する。「ロボット」の意味する内容 は、極めて多様であり、ヒューマノイド（人の形をしたもの）に限定した見方から、産業用の機械、コンピュータ上のソフトまで広げた見方まである。

イ適　切。産業用ロボットは、日本産業規格で「自動制御によるマニピュレーション機能又は 移動機能をもち、各種の作業をプログラムによって実行できる、産業に使用される機械」と規定されている 。サービスロボットは、産業用ロボット 以外のものをいう。

ウ不適切。マニピュレーション機能 とは、人間の手のように 対象物（部品 、工具など）をつかむ 機能である。

エ適　切。ロボットフレンドリー環境（ロボットを導入しやすい環境）を実現するため、経済産業省では、2019年度に「ロボット実装モデル構築推進タスクフォース（TF）」を設置するとともに、2020年度から「革新的ロボット研究開発等基盤構築事業」等の予算事業を進めている。こうした中で、経済産業省では、「施設管理」「食品」「小売」「物流倉庫」の４分野を重点に、ユーザーとロボットSIer企業らが参画するタスクフォースでの検討や予算事業等を通じた支援措置を進めている。

解答　ウ

問題48. 無人航空機に関する以下のアからエまでの記述のうち、最も<u>適切ではない</u>ものを１つ選びなさい。

ア. 航空法において、「無人航空機」とは「航空の用に供することができる飛行機、回転翼航空機、滑空機、飛行船その他政令で定める機器であって構造上人が乗ることができないもののうち、遠隔操作又は自動操縦により飛行させることができるもの」と定義されており、いわゆるドローン（マルチコプター）、ラジコン機、農薬散布用ヘリコプター等が該当する。

イ. マルチコプターやラジコン機等であっても、重量（機体本体の重量とバッテリーの重量の合計）200 グラム未満のものは、「無人航空機」ではなく「模型航空機」に分類される。

ウ. 無人機であっても航空機に近い構造、性能・能力を有している場合、「無人航空機」ではなく、航空法上の「航空機」に該当する可能性がある。

エ. 無人航空機は、登録を受けたものでなければ、原則として飛行を行うことができない。

解説　ドローン

ア適　切。航空法 2 条 22 項に「この法律において「無人航空機」とは、航空の用に供することができる飛行機、回転翼航空機、滑空機、飛行船その他政令で定める機器であって構造上人が乗ることができないもののうち、遠隔操作又は自動操縦（プログラムにより自動的に操縦を行うことをいう。）により飛行させることができるもの（中略）をいう。」とある。

イ不適切。「200 グラム未満」が誤りで、正しくは「100 グラム未満」である。この規定は従来「200 グラム未満」であったが、2022 年 6 月 20 日から「100 グラム未満」とされている。

ウ適　切。国土交通省 航空局の「無人航空機（ドローン、ラジコン機等）の安全な飛行のためのガイドライン」にある記述で、例として「航空機から改造されたもの等」と挙げられている。

エ適　切。2022 年 6 月 20 日から、無人航空機の登録が義務づけられた。以降登録していない無人航空機の飛行は禁止され、無人航空機を識別するための登録記号を表示し、リモート ID 機能を備えることが義務づけられた。

解答　イ

問題49. ドローンの飛行レベルに関する以下のアからエまでの記述のうち、最も<u>適切ではない</u>ものを1つ選びなさい。

ア. レベル1は、「目視内での操縦飛行」であり、2024年1月現在、飛行が実現されている。

イ. レベル2は、「目視内での自動・自律飛行」であり、2024年1月現在、飛行が実現されている。

ウ. レベル3は、「無人地帯での補助者なし目視外飛行」であり、2024年1月現在、飛行が実現されている。

エ. レベル4は、「有人地帯（第三者上空）での補助者なし目視外飛行」であり、2024年1月現在、飛行は実現されていない。

解説　ドローンの飛行レベル

ア適　切。記述の通り。

イ適　切。記述の通り。

ウ適　切。記述の通り。

エ不適切。2022年12月に、レベル4飛行が解禁された。2022年12月5日から、無人航空機の新制度が開始され、これにより機体認証、無人航空機操縦者技能証明、運航に係るルールが整備され、従来のレベル1～3飛行に加え、有人地帯（第三者上空）での補助者なし目視外飛行を指すレベル4飛行が可能となった。

解答　エ

問題50. 国土交通省の「自動運転車の安全技術ガイドライン」に定義される自動運転化レベルに関しての以下のアからエまでの記述のうち、最も適切ではないものを1つ選びなさい。

ア. レベル1（運転支援）では、システムが縦方向又は横方向のいずれかの車両運動制御のサブタスクを限定領域において実行し、安全運転に係る監視、対応主体は運転者である。

イ. レベル2（部分運転自動化）では、システムが縦方向及び横方向両方の車両運動制御のサブタスクを限定領域において実行し、安全運転に係る監視、対応主体は運転者である。

ウ. レベル4（高度運転自動化）では、システムが全ての動的運転タスク及び作動継続が困難な場合への応答を限定領域において実行し、安全運転に係る監視、対応主体は運転者である。

エ. レベル5（完全運転自動化）では、システムが全ての動的運転タスク及び作動継続が困難な場合への応答を無制限に実行する。

|解説　自動運転車の自動運転化レベル|

自動運転化レベルにおける対応主体は、レベル1・2は運転者、レベル4・5はシステムである。レベル3の対応主体はシステムであるが、作動継続が困難な場合は運転者とされている。

ア適　切。記述の通り。

イ適　切。記述の通り。

ウ不適切。自動運転化レベルのレベル4（高度運転自動化）では、安全運転に係る監視、対応主体もシステムである。

エ適　切。記述の通り。レベル5（完全運転自動化）の対応主体は、当然のことながらシステムである。

|解答　ウ|

問題51. シンギュラリティに関する次のaからdまでの記述のうち、<u>適切ではないものはいくつあるか</u>。以下のアからエまでのうち1つ選びなさい。

a．2005年にアメリカの学者レイ・カーツワイル氏は、その著書でシンギュラリティの概念を提唱した。

b．レイ・カーツワイル氏の提唱するシンギュラリティは、「テクノロジーが急速に変化し、それにより甚大な影響がもたらされ、人間の生活が後戻りできないほどに変容してしまうような、来るべき未来のこと」をシンギュラリティとしているが、現在はシンギュラリティの語は、「コンピュータの知能が人間を超える時」という意味で使われることも多い。

c．レイ・カーツワイル氏は、その著書でシンギュラリティが2050年に到来するとしている。

d．「シンギュラリティ」は、「分岐点」と訳され、AIの世界では「技術的分岐点」のことを指す。

ア．1つ　　　　イ．2つ　　　　ウ．3つ　　　　エ．4つ

解説　シンギュラリティ

a 適　切。2005年に、アメリカの未来学者レイ・カーツワイル氏が、著書「シンギュラリティは近い（The Singularity Is Near）」でシンギュラリティの概念を提唱した。（「シンギュラリティ」の概念自体は、それ以前からあったが、現在AIと関連して語られるシンギュラリティの概念は、レイ・カーツワイル氏の提唱によるといわれている）

b 適　切。記述の通り。現在はシンギュラリティの語は、「コンピュータの知能が人間を超えるとき」という意味で使われることも多い。

c 不適切。氏は「シンギュラリティは近い」で「2040年代の中盤には、1000ドルで買えるコンピューティングは10^{26}cpsに到達し、1年間に創出される知能（合計で約10^{12}ドルのコストで）は、今日の人間のすべての知能よりも約10億倍も強力になる」として、こうした理由からシンギュラリティが2045年に到来するとしている。

d 不適切。AIの世界で「シンギュラリティ」は「技術的特異点」のことを指す。

cとdの2つが適切ではない。

解答　イ

問題52. XAIに関する以下のアからエまでの記述のうち、最も<u>適切ではないもの</u>を１つ選びなさい。

ア．「XAI」は、「説明不可能な AI」と訳される。

イ．XAI 研究の背景には、機械学習の予測過程が実質的にブラックボックス化しており、用途範囲の拡大に伴い、機械学習モデルの予測結果を信頼して業務に使えないという問題がある。

ウ．XAI の研究方法のうち、「ブラックボックス型」は、既存の予測・判断根拠がわかりにくい機械学習モデルに、説明するための機能を付加して、AI の予測・判断根拠を説明できるようにする考え方である。

エ．XAI 技術を悪用すれば機械学習モデルに対する攻撃が可能となる。

解説　XAI

ア不適切。「XAI」は、「Explainable artificial intelligence」を略したものであり、「説明可能な AI」と訳される。

イ適　切。機械学習モデルは、高度に複雑な構造物であり、人がその動作の全容を把握するのは困難であるため、その予測過程が実質的にブラックボックス化しており、用途範囲の拡大に伴い、機械学習モデルの予測結果を安心して（信頼して）業務に使えないという問題が指摘されるようになっている。この問題に対処するため、機械学習モデルの予測根拠を説明する XAI の研究が行われている。

ウ適　切。「XAI の研究」に関する考え方のうち、ブラックボックス型は、既存の機械学習モデルを説明する技術であり、一方、トランスペアレント型は、学習過程や構造が人にとって解釈可能な新型の機械学習モデルである。

エ適　切。XAI 技術の本来の目的はモデルの判断根拠を説明することであるが、その技術を悪用すれば機械学習モデルに対して攻撃が可能となる。

解答　ア

第2章　ビッグデータ

問題53. ビッグデータに関する以下のアからエまでの記述のうち、最も<u>適切な</u>ものを1つ選びなさい。

ア．ビッグデータとは、従来のデータ管理・処理ソフトウェアなどでは処理が困難なほど巨大で複雑なデータの集合を表す用語であり、その内容は明確に定義されている。

イ．ビッグデータの活用に関する法整備として、2017年に施行された改正個人情報保護法では、新たに「匿名加工情報」が定義された。

ウ．データが主導する経済成長と社会変革の実現において、ビッグデータを収集するための手段がAIであり、ビッグデータを分析・活用するための手段がロボットである。

エ．国や地方公共団体が提供するデータは、ビッグデータには該当しない。

解説　ビッグデータ

ア不適切。ビッグデータとは、従来のデータ管理・処理ソフトウエアなどでは処理が困難なほど巨大で複雑なデータの集合を表す用語であるが、明確な定義があるわけではない。

イ適　切。ビッグデータの活用に関する法整備として、2017年5月に施行された改正個人情報保護法では、個人情報を特定の個人を識別できないように加工した情報を「匿名加工情報」と新たに定義し、個人情報の適正な流通のための環境を整備している。

ウ不適切。記述が逆である。データが主導する経済成長と社会変革の実現においては、ビッグデータの利活用が鍵を握るが、そのビッグデータを収集するための手段がロボットであり、ビッグデータを分析・活用するための手段が AI である。

エ不適切。「平成29年版情報通信白書」では、個人・企業・政府の3つの主体が生成しうるデータを示しており、国や地方公共団体が提供する「オープンデータ」をビッグデータの1つとしている。これは、『官民データ活用推進基本法』を踏まえ、政府や地方公共団体などが保有する公共情報について、データとしてオープン化を強力に推進することとされているものである。

解答　イ

問題54. ビッグデータに関する以下のアからエまでの記述のうち、最も適切なものを１つ選びなさい。

ア．ビッグデータの種別である、構造化データ、半構造化データ、非構造化データのうち、非構造化データとは、データ内に規則性に関する区切りがなく、データを見ただけで、二次元の表形式に変換できないことがわかるデータのことである。

イ．ビッグデータの活用に関する法整備として、2017年に施行された改正個人情報保護法では、新たに個人情報を特定の個人を識別できないように加工した情報である「仮名加工情報」が定義された。

ウ．データが主導する経済成長と社会変革の実現において、ビッグデータを収集するための手段がAIであり、ビッグデータを分析・活用するための手段がロボットである。

エ．工場等の生産現場における IoT 機器から収集されるデータ、橋梁に設置されたIoT 機器からのセンシングデータ等のことをR2Rデータという。

解説　ビッグデータ

ア適　切。記述の通り。非構造化データの例としては、規則性に関する区切りのないテキスト、PDF、音声、画像、動画が挙げられる。

イ不適切。「仮名加工情報」が誤りで、正しくは「匿名加工情報」である。ビッグデータの活用に関する法整備として、2017 年 5 月に施行された改正個人情報保護法では、個人情報を特定の個人を識別できないように加工した情報を「匿名加工情報」と新たに定義し、個人情報の適正な流通のための環境を整備している。

ウ不適切。記述が逆である。データが主導する経済成長と社会変革の実現においては、ビッグデータの利活用が鍵を握るが、そのビッグデータを収集するための手段がロボットであり、ビッグデータを分析・活用するための手段が AI である。

エ不適切。正しくは「M2Mデータ」である。M2Mデータは、ビッグデータの１つで、M2M（Machine to Machine）から吐き出されるストリーミングデータで、工場等の生産現場におけるIoT機器から収集されるデータ、橋梁に設置されたIoT 機器からのセンシングデータ（歪み、振動、通行車両の形式・重量など）等が挙げられる。

解答　ア

問題55. データサイエンスとデータサイエンティストに関する以下のアからエ
までの記述のうち、最も適切ではないものを1つ選びなさい。

ア．データサイエンスとは、情報科学、統計学等の知見を駆使したデータ分析
により新たな価値の発見・創出を行う学問のことである。

イ．データサイエンスにおける「データ」とは、AI等による技術革新を背景と
した第4次産業革命による産業構造の変化の進展や、5Gによる膨大な
データの収集により、価値を持つようになったデータのことである。

ウ．データサイエンスの知見を有する人材を「データサイエンティスト」とい
い、多くの企業においてデータサイエンティストに対する需要が高まって
いる。

エ．一般社団法人データサイエンティスト協会は、データサイエンティストに
求められる能力として、データサイエンス力、データエンジニアリング力、
データマイニング力の3つを挙げている。

解説　データサイエンス

ア適　切。記述は、総務省「データ駆動型社会の実現に向けた高度ICT人材
に関する調査研究－最終報告書－」にある、データサイエンスの
定義である。

イ適　切。データサイエンスにおける「データ」とは、IoT、ビッグデータ、
ロボット、AI等による技術革新を背景とした第4次産業革命によ
る産業構造の変化の進展や、5Gによる膨大なデータの収集によ
り、より大きな価値を持つようになったデータのことである。

ウ適　切。データサイエンスの知見を有する人材を「データサイエンティス
ト」といい、多くの企業においてデータサイエンティストに対す
る需要が高まっており、その実践的な知見を企業活動等に反映さ
せ、即戦力として活躍することが求められている。

エ不適切。「データマイニング力」が誤りで、正しくは「ビジネス力」である。
データサイエンティスト協会は、データサイエンティストに必要と
される3つのスキル（能力）セット（「データサイエンス力」「デー
タエンジニアリング力」「ビジネス力」）を定義している。

解答　エ

第 3 章　IoT

問題56.　IoTに関する以下のアからエまでの記述のうち、最も<u>適切ではない</u>もの
　　　　を1つ選びなさい。

　　ア．IoTは、「Internet of Things」の略で、「モノのインターネット」と呼ばれ
　　　　ている。

　　イ．IoTデバイスは、管理が行き届きにくい、機器の性能が限られ適切なセキュ
　　　　リティ対策を適用できないなどの理由から、サイバー攻撃の脅威にさらさ
　　　　れることが多い。

　　ウ．IoTデバイスは、消費電力や電波の特性等の制約条件が少ない。

　　エ．世界のIoTデバイス数は、「医療」、「コンシューマー」、「産業用途」及び「自
　　　　動車・宇宙航空」のカテゴリで高成長が見込まれている。

解説　IoT

ア適　切。記述の通り。

イ適　切。社会基盤としての IoT 化が進展する一方で、IoT 機器については、管
　　　　理が行き届きにくい、機器の性能が限られ適切なセキュリティ対策を
　　　　適用できないなどの理由から、サイバー攻撃の脅威にさらされること
　　　　が多く、その対策強化の必要性が指摘されている。

ウ不適切。無線を用いる IoT デバイスは、消費電力や電波の特性等の制約条件が
　　　　多い。IoT デバイスや関連のアプリケーションの数は爆発的に増加し
　　　　ているが、それらの用途は多岐にわたっており、通信特性も様々であ
　　　　る。特に無線を用いる IoT デバイスは、消費電力や電波の特性等の制
　　　　約条件が多いことから、単一の通信技術や規格でこれらのニーズ全て
　　　　に応えることは困難である。こうした多様なニーズに対応すべく、近
　　　　年、様々な通信技術や規格が考案・開発されており、5G もその１つで
　　　　ある。

エ適　切。令和５年版情報通信白書では、世界の IoT デバイス数について、医療、
　　　　コンシューマー、自動車・宇宙航空のカテゴリでの高成長の予測を示
　　　　している。

解答　ウ

問題57. IoTに利用されるLPWAに関する以下のアからエまでの記述のうち、最も適切ではないものを１つ選びなさい。

　ア．LPWAは、低消費電力で、通信速度も通常の携帯電話システムよりも高速なことから、IoTに適している。

　イ．LPWAは、通信事業者の免許が不要な「非セルラー系」と、免許が必要な「セルラー系」に分けられる。

　ウ．LPWAのセルラー系サービスでは、既存の通信サービス4Gで用いている基地局を利用できるものもある。

　エ．LPWAは、動画配信には不向きである。

解説	LPWA

　ア．不適切。「通常の携帯電話システムよりも高速」が誤りである。LPWA（Low Power Wide Area）の通信速度は、携帯電話システムと比較して低速なものの、一般的な電池で数年から数十年にわたって運用可能な省電力性や、数 km から数十 km もの通信が可能な広域性を有しており、IoT に適したシステムといえる。

　イ．適　切。記述の通り。

　ウ．適　切。記述の通り。

　エ．適　切。LPWA の通信速度は毎秒数百キロビット程度までで、動画をやり取りする通信には不向きである。

解答	ア

問題58. IoT 機器のセキュリティに関する以下のアからエまでの記述のうち、最も適切ではないものを1つ選びなさい。

ア. 社会基盤としての IoT 化が進展する一方で、IoT 機器については、管理が行き届きにくい、機器の性能が限られ適切なセキュリティ対策を適用できないなどの理由から、サイバー攻撃の脅威にさらされることが多くなっている。

イ. IoT は安価な製品・サービスも多く、セキュリティ対策のコストを販売価格に転嫁することが困難な場合もあることがセキュリティ事故発生の一因となっている。

ウ. IoT 機器には 10 年以上の長期にわたって使用されるものも多く、構築・接続時に適用したセキュリティ対策が時間の経過とともに危殆化することにより、セキュリティ対策が不十分になった機器がネットワークに接続され続けることになり、リスクが発生する。

エ. NICT（国立研究開発法人情報通信研究機構）が、インターネット上の IoT 機器に対して、容易に推測されるパスワードを入力することなどにより、サイバー攻撃に悪用されるおそれのある機器を特定し、その機器の所有企業等に直接連絡し注意喚起する取り組みを行っている。

解説　IoT 機器のセキュリティ

ア適　切。記述の通り。「令和 4 年版　情報通信白書」にこのような内容が記載されている。

イ適　切。記述の通り。IPA の「安全安心な IoT 製品・サービスを提供するために」に、IoT は安価な製品・サービスも多く、セキュリティ対策のコストを販売価格に転嫁することが困難な場合もあることが記載されている。

ウ適　切。記述の通り。総務省「IoT セキュリティガイドライン ver 1.0」にこのような内容が記載されている。危殆化とは、「危険な状態になること」「危うくなること」を意味する語である。コンピュータの性能向上によって暗号化技術をはじめとするセキュリティ技術の安全性が、相対的に低下していくことを指すことが多い。

エ不適切。NICT から直接ではなく、ISP に通知し、通知を受けた ISP がその機器の利用者を特定し注意喚起を行うという手順である。「令和 4 年版　情報通信白書」に記載されている。

解答　エ

問題59. スマートファクトリーに関する以下のアからエまでの記述のうち、最も<u>適切ではないもの</u>を１つ選びなさい。

ア．スマートファクトリーとは、IoT をはじめとする最新の IT を利用した工場、あるいは、生産設備をデジタル化し、ネットワーク上でデータをやりとりすることで効率化している工場を指す。

イ．経済産業省の「スマートファクトリーロードマップ」では、スマート化がレベル１からレベル３に分けられており、レベル１は、「有益な情報を見極めて収集して状態を見える化し、得られた気付きを知見・ノウハウとして蓄積できる」である。

ウ．「スマートファクトリーロードマップ」のレベル３は、「膨大な情報を分析・学習し、目的に寄与する因子の抽出や、事象のモデル化・将来予測ができる」である。

エ．製造業では、従来、工場の生産ラインを制御・計測する OT と生産の計画・実績情報を管理する IT が分かれていたが、スマートファクトリーでは、OT と IT の融合が目指される。

解説　スマートファクトリー

ア適　切。記述の通り。スマート工場とも呼ばれる。

イ適　切。記述の通り。「スマートファクトリーロードマップ」では、スマート化の目的を大きく①品質の向上、②コストの削減、③生産性の向上、④製品化・量産化の期間短縮、⑤人材不足・育成への対応、⑥新たな付加価値の提供・提供価値の向上、⑦その他（リスク管理の強化）に分けている。

ウ不適切。記述は、レベル２に関するものであり、レベル３は、「蓄積した知見・ノウハウや、構築したモデルによる将来予測を基に最適な判断・実行ができる」である。

エ適　切。記述の通り。OT は、オペレーショナルテクノロジーである。

解答　ウ

問題60. スマート家電に関する以下のアからエまでの記述のうち、最も<u>適切では</u><u>ないもの</u>を１つ選びなさい。

ア. スマート冷蔵庫には、冷蔵庫とスマートフォンをインターネットを通じて接続することにより、外出先でも冷蔵庫の中にある食材やその賞味期限などが確認できるといった機能を持つものもある。

イ. ロボット掃除機を外出先から操作することにより搭載されているカメラで室内の確認ができるが、ロボット掃除機が障害物などで充電機に戻れず充電切れになった場合は、見ることができなくなるため、注意が必要である。

ウ. 経済産業省は、遠隔で操作するスマート家電の取扱いを、「人の注意が行き届く状態で動作する機器」と「人の注意が行き届かない状態で動作する機器」に大別し、後者は遠隔操作を行うべきでない機器としている。

エ. スマート家電を捨てる、売る、貸し出すなど、機器を手放す場合は、機器に記憶されている情報を復元できないよう削除を行わないと、自分や家族等の利用者情報が漏洩する恐れがある。

解説　スマート家電

ア適　切。記述の通り。

イ適　切。記述の通り。

ウ不適切。記述が逆である。経済産業省「電気用品、ガス用品等製品の IoT 化等による安全確保の在り方に関するガイドライン」では、遠隔で操作する場合の機器の取扱いを、「人の注意が行き届く状態で動作する機器」と「人の注意が行き届かない状態で動作する機器」に大別することで、前者は遠隔操作を行うべきでない機器としている。「操作する者が自ら手を触れ機器を動作させることで、その機器の機能、役割を果たす」、「機器の表面に触れると火傷する、可動部に触れると傷害を受けるなど可動時に危険な部分が露出する」、「遠隔操作することで危険のリスクが著しく増す」機器は、「人の注意が行き届く状態で動作する機器」であり、遠隔操作に不向きであるとし、アイロン、ミシン、ほとんどの調理用機器などがその例とされている。

エ適　切。記述の通り。機器を手放す際は、自分や家族等の利用者のプライバシー情報が漏れないよう、情報を復元できないよう確実に削除する必要がある。

解答　ウ

問題61. ウェアラブル端末に関する以下のアからエまでの記述のうち、最も<u>適切では</u><u>ない</u>ものを１つ選びなさい。

ア．「ウェアラブル」は「身に着けることができる」という意味であり、ウェアラブル端末とは、腕、頭部、胴体等の身体に装着して利用する ICT 端末の総称である。

イ．ウェアラブル端末の用途は、「心身に関する情報収集」、「位置や速度に関する情報収集」、「入力・運動支援」の３つに大別され、特に「入力・運動支援」のウェアラブル端末は、業務効率化など、業務分野でも活用されている。

ウ．心身の情報を収集するスマートグラスは、メガネメーカーから発売されているものが多いため度付きレンズのものがあるが、音楽を聴くスマートグラスは、IT 機器メーカーが生産している場合が多く、度付きレンズのものが発売されていない。

エ．ウェアラブル端末は、心身の情報や氏名、住所、認証情報など、多くの個人情報を収集している場合が多いため、物理的な盗難やインターネット、Wi-Fi、Bluetooth などを通じての不正アクセスに注意する必要がある。

解説　ウェアラブル端末

ア適　切。記述の通り。メガネ型の「JINS MEME」や腕時計型の「Apple Watch」が代表的である。

イ適　切。記述の通り。業務利用の例として、指輪型のコントローラやパワードスーツがある。

ウ不適切。HUAWEI の HUAWEI Eyewear は、度付きレンズに交換することが可能である。メガネ型の場合、IT 機器メーカーとメガネメーカーが共同で開発している場合もある。

エ適　切。記述の通り。ウェアラブル端末で収集した情報は、端末内、またはクラウドなどに保存され、盗難や不正アクセスにより情報が漏洩するリスクがある。

解答　ウ

第4章　クラウド

問題62．クラウドに関する以下のaからdまでの記述のうち、<u>適切ではないもの</u>はいくつあるか。以下のアからエまでのうち１つ選びなさい。

a．ネットワークで接続された複数のサーバが抽象化され、実体を意識することなく利用可能な処理形態をクラウドコンピューティングといい、このクラウドコンピューティングを利用して、自宅、勤務先および出張先などからデータの参照や更新をできるようにするサービスのことを、クラウドサービスという。

b．総務省の「令和２年　情報通信白書」では、日本のクラウドサービスの利用状況についての企業調査で、2019年にクラウドサービスを利用している企業が約２割であることが示されている。

c．世界のクラウドサービス市場において、日本のIT事業者の、世界のクラウド事業者の中でのポジションは高いのが現状となっている。

d．近年、クラウドサービスの停止により企業ビジネスや行政サービスの提供に大きく影響する事案がしばしば発生しており、クラウドサービスの安定運用確保が重要になっている。

　ア．１つ　　　　　イ．２つ　　　　　ウ．３つ　　　　　エ．４つ

解説　クラウド

a 適　切。記述の通り。

b 不適切。2019 年にクラウドサービスを一部でも利用している企業の割合は 64.7%であり、前年の 58.7%から 6.0 ポイント上昇している。

c 不適切。経産省「デジタル産業に関する現状と課題」における「クラウド事業者のポジショニング」では、日本の IT 事業者は大規模システムの受託開発に強みを持つものの、世界のクラウド事業者の中でのポジションは低いのが現状となっている。

d 適　切。近年、クラウドサービスの停止により企業ビジネスや行政サービスの提供に大きく影響する事案がしばしば発生しており、社会インフラの提供を担うクラウドサービスの安定運用確保が重要となる。

bとcの２つが不適切である。

解答　イ

問題63. クラウドサービスに関する以下のアからエまでの記述のうち、最も<u>適切では</u>
<u>ない</u>ものを1つ選びなさい。

ア. クラウドサービスの利用者は、クラウド事業者とコミュニケーションの必
要なくサービスを設定でき、対面や電話での事業者とのやりとりが不要で
ある。

イ. クラウドコンピューティングには、仮想技術を用いて、物理的には1台の
サーバコンピュータの中に様々な役割を持つ複数の仮想サーバが入って
いるケースもある。

ウ. クラウドを利用する場合、インターネットを経由してサービスやデータに
アクセスすることが一般的である。

エ. 日本においては、特に産業・政府・インフラ領域でクラウドからオンプレ
ミスシステムへの移行を促進する必要性が示されている。

解説　クラウドサービス

ア適　切。利用者は、クラウド事業者とコミュニケーションの必要なくサー
ビスを設定でき、サービスを開始、設定する際に対面や電話での
事業者とのやりとりが不要である。

イ適　切。クラウドコンピューティングには、仮想技術を用いて、物理的に
は1台のサーバコンピュータ（物理サーバ）の中に様々な役割を
持つ複数の仮想サーバが入っているケースもある。

ウ適　切。記述の通り。

エ不適切。オンプレミスシステムは、サーバやソフトウェアなどの情報システ
ムの自社運用のことである。2021年に公表された経済産業省の「デ
ジタル産業に関する現状と課題」では、「産業・政府・インフラ領域
でオンプレシステムからクラウドへの移行を促進する必要性」がう
たわれている。

解答　エ

問題64. クラウドの分類に関する次の文章中の（　　）に入る最も<u>適切な</u>語句
の組合せを、以下のアからエまでのうち１つ選びなさい。

クラウドの分類の考え方として、（　a　）と（　b　）による分類がある。
（a）は、クラウドサービスの構築・カスタマイズに関する役割分担による
分類であり、（b）は、クラウドサービスの利用機会の開かれ方による分類
である。

ア．a．サービスモデル　　　　　b．分析モデル

イ．a．実装モデル　　　　　　　b．サービスモデル

ウ．a．サービスモデル　　　　　b．実装モデル

エ．a．分析モデル　　　　　　　b．サービスモデル

<u>解説　クラウドの分類</u>

クラウドを、サービスモデル（クラウドサービスの構築・カスタマイズに関す
る役割分担）で分類すると IaaS、PaaS、SaaS などに大別され、実装モデル
（クラウドサービスの利用機会の開かれ方）で分類すると、パブリッククラウ
ド、プライベートクラウドなどに大別される。

クラウドの分類の考え方として、**サービスモデル**と**実装モデル**による分類
がある。**サービスモデル**は、クラウドサービスの構築・カスタマイズに関す
る役割分担による分類であり、**実装モデル**は、クラウドサービスの利用機
会の開かれ方による分類である。

解答　ウ

問題65. 一般的なクラウドサービスの特徴に関する次のaからdまでの記述の
うち、<u>適切ではない</u>ものはいくつあるか。以下のアからエまでのうち
1つ選びなさい。

a. 利用者は、クラウド事業者とコミュニケーションの必要なくサービスを
設定でき、対面や電話での事業者とのやりとりが不要である。

b. システムリソースは集積され、複数の利用者に提供され得る。

c. システムリソースは、作業時間はかかるが需要に応じて拡大・縮小でき
る拡張性をもつ。

d. システムリソースの利用状況はモニタされ、利用者にもクラウド事業者に
も明示できる。

ア. 1つ　　　イ. 2つ　　　ウ. 3つ　　　エ. 4つ

解説　クラウドサービスの特徴

a 適　切。利用者は、クラウド事業者とコミュニケーションの必要なくサー
ビスを設定でき、サービスを開始、設定する際に対面や電話での
事業者とのやりとりが不要である。

b 適　切。記述の通り。同一の物理サーバを利用しているケースでも、複数
の利用者が同時に利用できる。

c 不適切。「作業時間はかかるが」が誤りである。システムリソースは、需要
に応じて拡大・縮小でき、仮想化技術等を活用し、ごく短時間で
のスケーラビリティ（拡張性）がある。

d 適　切。記述の通り。使用したシステムリソース（計算量や記録量）に応
じて、課金することが可能になる。

肢cのみが適切ではない記述である。

解答　ア

問題66. IaaSに関する次の文章中の（　　）に入る<u>適切</u>な語句の組合せを、以下の
アからエまでのうち１つ選びなさい。

（　a　）が示した３種のサービスモデルの１つである IaaS とは、
「（　b　）as a Service」の略で、ハードウェアや（　c　）を事業者が
用意し、それらを利用するための機能を利用者に提供するサービスをい
う。

ア．a．NIST　　b．Internet　　　c．アプリケーション機能

イ．a．NIST　　b．Infrastructure　c．ネットワーク機器

ウ．a．IPA　　 b．Infrastructure　c．アプリケーション機能

エ．a．IPA　　 b．Internet　　　c．ネットワーク機器

解説　IaaS

<u>NIST</u>（米国国立標準技術研究所）が示した３種のサービスモデルの１つである
IaaS とは、「<u>Infrastructure</u> as a Service」の略で、ハードウェアや**ネットワーク機器**を事業者が用意し、それらを利用するための機能を利用者に提供するサービスをいう。

解答　イ

問題67. PaaSに関する以下のアからエまでの記述のうち、最も<u>適切な</u>ものを1つ
選びなさい。

ア．PaaS の主な利用者は一般ユーザーである。

イ．PaaS は、ハードとアプリケーションの開発機能をクラウド化したもので
ある。

ウ．PaaS の利用者は OS のバージョンアップ作業をしたり、ハードウェアを
買い替えたりする必要がある。

エ．コンピュータの階層を下図のような3層で考えた場合、1段目から3段目
までのすべてをクラウド事業者に任せるのが PaaS である。

出典：「総務省 ICT スキル総合習得プログラム 講座 2-2」の図を加工

解説　PaaS

ア不適切。PaaS は、「Platform as a Service（サービスとして提供されるプラットフォーム）」の略で、主な利用者はソフトウェアの開発者・実装者である。

イ適　切。PaaS は、ハードとアプリケーションの開発機能をクラウド化したものである。

ウ不適切。ハードウェアや OS は事業者側で管理するので、PaaS の利用者は OS のバージョンアップ作業などをしたり、ハードウェアを買い替えたりする必要がなく、情報システムの運用管理に要する工数や費用を少なくすることができる。

エ不適切。コンピュータの階層を3層で考えた場合、1段目のみをクラウド事業者に任せるのが IaaS、2段目まで任せるのが PaaS、3段目を含めて全て任せるのが SaaS である。

解答　イ

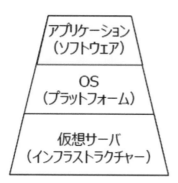

問題68. パブリッククラウドに関する以下のアからエまでの記述のうち、最も<u>適切では</u><u>ない</u>ものを1つ選びなさい。

ア．パブリッククラウドとは、利用機会が公開され、インターネット経由で利用されるクラウドのことで、3大クラウドと呼ばれる Amazon Web Services、Microsoft365、Google Cloud Platform は、パブリッククラウドに該当する。

イ．パブリッククラウドでは、利用料金やサービス内容が公開されており、クラウド事業者は、一般に個々の利用者の要望に応じたカスタマイズは行わない。

ウ．パブリッククラウドは、導入・運用のコストを抑えやすいことに加え、必要なときに容易に開始することができ、不要になったらすぐに契約終了することができる。

エ．パブリッククラウドとプライベートクラウドの違いは、パブリッククラウドは、独自環境を構築せず、同じ環境を複数のユーザーで共有するのに対し、プライベートクラウドは、特定の企業や組織が独自にクラウドを構築し、環境を専有する点にある。

解説 パブリッククラウド

ア不適切。3大クラウドは、AWS（Amazon Web Services）、Azure（Microsoft Azure）、GCP（Google Cloud Platform）である。Microsoft365 は、Office 製品等をクラウドで利用可能なサブスクリプションサービスである。

イ適 切。記述の通り。プライベートクラウドを利用することで、カスタマイズが可能となる。

ウ適 切。記述の通り。ウェブサイトから契約、終了の手続きが可能なため、容易である。

エ適 切。記述の通り。プライベートクラウドには、サーバを自組織の敷地に設置するオンプレミス型と敷地外を利用するホスティング型がある。

解答 ア

問題69. ハイブリッドクラウドに関する以下のアからエまでの記述のうち、最も<u>適切では</u><u>ない</u>ものを１つ選びなさい。

ア．ハイブリッドクラウドとは、パブリッククラウド、プライベートクラウド、コミュニティクラウドをネットワーク内で部分的に組み合わせた形態である。

イ．プライベートクラウドは、セキュリティが強固である一方、容量の増加には対応しづらいため、容量の増加などに柔軟に対応できるパブリッククラウドと組み合わせてハイブリッドクラウドとすることで、両方のメリットを活かし、状況に応じた対応が可能となる。

ウ．ハイブリッドクラウドなどを円滑に利用できるよう、複数のクラウドをまたぐ認証を一括して行うことができるクラウドサービスも提供されている。

エ．ハイブリッドクラウドを利用しコストを抑える方法として、長期的に利用するシステムはパブリッククラウド、短期的に利用するシステムはプライベートクラウドとすることが効果的である。

解説　ハイブリッドクラウド

ア適　切。記述の通り。同じ実装モデルのパブリッククラウド同士であっても、AWS と Gmail を組み合わせて利用するなど、複数のクラウドサービスを組み合わせて利用する場合は「マルチクラウド」という。

イ適　切。記述の通り。要件に合わせて柔軟に組み合わせて利用できることがハイブリッドクラウドのメリットである。

ウ適　切。記述の通り。マイクロソフトなどが、ハイブリッドクラウドに対するシングルサインオンサービスとして、Identity as a Service（IDaaS：アイダース）を提供している。

エ不適切。記述が逆である。長期的に利用するシステムは、プライベートクラウド、短期的に利用するシステムは、利用開始や終了が容易なパブリッククラウドとすることが効果的である。

解答　エ

第5章　その他の IT 技術

問題70. 位置情報取得手段に関する以下のアからエまでの記述のうち、最も<u>適切ではないもの</u>を１つ選びなさい。

ア．GPS は、衛星から発せられる電波を受信し、ごくわずかな誤差での位置計測が可能であり広く普及しているが、屋内や地下では衛星からの電波を受信できないため単独での利用は難しい。

イ．衛星からの電波を受信できなくても、Wi-Fi を利用して位置情報を取得することができる。

ウ．携帯電話と接続する基地局を利用する場合、基地局の通信エリアにより、数百メートルから数キロの範囲内で位置を特定することができる。

エ．IP アドレスを利用する方法では、通信プロバイダーが保有する IP アドレスのリストと照合し、接続元の情報を判別して位置を取得するもので、ユーザーは通常固定 IP を利用しているため精度が高い。

|解説　位置情報取得手段|

ア適　切。記述の通り。衛星からの電波が届かない地下や水中では、GPS を使った位置情報が取得できない。

イ適　切。記述の通り。Wi-Fi を利用する場合、アクセスポイント（AP）との通信と基地局との通信を利用して、位置を測定することができる。GPS 測位とは異なり、屋内でも取得できるところがメリットである。

ウ適　切。記述の通り。携帯電話の基地局と端末が通信できる距離は、一般的に数百メートルから数キロまでである。

エ不適切。ユーザーが固定 IP を使用していれば有効だが、変動 IP を利用している場合も多いので、精度の高い測定は難しい。

|解答　エ|

問題71. GPSによる位置情報の取得に関する以下のアからエまでの記述のうち、最も<u>適切ではない</u>ものを1つ選びなさい。

ア．GPSは、アメリカによって開発された地球上での現在位置を知るためのシステムであり、GPS衛星から発信される電波を受信機で受けて現在位置を推定する。

イ．GPS の衛星から発信される電波には、衛星の軌道情報と原子時計の正確な時間情報が含まれている。

ウ．航空機・船舶等では、最低5個の GPS 衛星から電波を受信することにより、測定地点における3次元的な位置と原子時計の時刻を得ることができる。

エ．GPS の電波を受けられない室内や地下でも、携帯電話で位置情報を取得することはできる。

解説 GPS による位置情報の取得

ア．適　切。記述の通り。GPS（汎地球測位システム）とは、アメリカによって、航空機・船舶等の航法支援用として開発された地球上の位置測定のためのシステムである。

イ．適　切。記述の通り。

ウ．不適切。「最低5個」が誤りで、正しくは「最低4個」である。航空機・船舶等では、4個以上の GPS 衛星から電波を受信することにより、測定地点における3次元的な位置と原子時計の時刻を得ることができる。

エ．適　切。GPS からの電波を受けられない室内や地下でも、通話・通信に利用している基地局の位置情報や Wi-Fi を利用することによって携帯電話で位置情報を取得することができる。

解答　ウ

問題72. 5Gに関する以下のアからエまでの記述のうち、最も<u>適切な</u>ものを１つ選びなさい。

ア．5Gの「G」は「Grade」の略である。

イ．5Gは、カバレッジ（携帯電話の電波が送受信できる範囲、電波の届く範囲）に関して 4Gに優っている。

ウ．5Gとエッジコンピューティングを組み合わせることにより、自動運転やテレロボティクスなどの基盤構築が可能となる。

エ．5Gの次の世代のBeyond5G（いわゆる 6G）は、サイバー空間を現実世界と一体化させ、Society6.0 のバックボーンとして中核的な機能を担うことが期待される。

解説 ５G

ア不適切。5G の「G」は Generation（世代）の略で、「第〇世代移動通信システム」のことを「〇G 」という。

イ不適切。5G は超高速大容量、超低遅延、多数同時接続といった特長を有している一方、カバレッジ（携帯電話の電波が送受信できる範囲、電波の届く範囲）に関しては 4G に劣り、また、消費電力やコストに関しては、LPWA や PAN（Bluetooth、NFC、Zigbee など）に劣っており、5G は他の通信技術すべてを代替するような万能な存在ではない。

ウ適　切。エッジコンピューティングは、4G でも使用可能な技術であるが、5G との組み合わせで伝送速度や遅延が最適化されることによって、従来は困難であった、自動運転やテレロボティクスなど遅延時間に敏感なアプリケーションを実現するワイヤレスソリューションの基盤構築が可能となる。

エ不適切。「Society6.0」が誤りで、正しくは「Society5.0」である。5G の次の世代の Beyond5G（いわゆる 6G）は、サイバー空間を現実世界（フィジカル空間）と一体化させ、Society5.0 のバックボーンとして中核的な機能を担うことが期待される。Society5.0 は、今現在もその実現に向けて取組みが進んでいる概念であり、「Society6.0」という概念はまだ提唱されていない。

解答　ウ

問題73. 5Gに関する以下のアからエまでの記述のうち、下線部が<u>適切ではない</u>ものを１つ選びなさい。

ア．政府は、「新しい資本主義」の実現を目指し、<u>デジタル田園都市国家構想</u>を掲げており、同構想の実現のために光ファイバ、5G、データセンター・海底ケーブル等のデジタル基盤の整備が不可欠としている。

イ．5G の特長の一つに「<u>超高速</u>」があり、5G では、２時間の映画を３秒でダウンロードすることができる。

ウ．5G の特長の一つに「<u>超精緻</u>」があり、5G では、ロボット等の精緻な操作をリアルタイム通信で実現することができる。

エ．5G の特長の一つに「<u>多数同時接続</u>」があり、多数の機器を同時にネットワークに接続することができる。

解説　5G

ア適　切。政府は、コロナ後の新しい日本を創り上げるための挑戦として、成長と分配の好循環による「新しい資本主義」の実現を目指し、そのための成長戦略の最も重要な柱として、デジタル田園都市国家構想を掲げている。同構想の実現のためには、光ファイバ、5G、データセンター・海底ケーブル等のデジタル基盤の整備が不可欠の前提であると、総務省の「デジタル田園都市国家インフラ整備計画」（令和４年３月 29 日）に記されている。

イ適　切。5G では、従来の移動通信システムより 100 倍速いブロードバンドサービスが提供され、例えば２時間の映画を３秒でダウンロードすることができる。

ウ不適切。「超精緻」が誤りで、正しくは「超低遅延」である。5G では、利用者が遅延（タイムラグ）を意識することなく、リアルタイムに遠隔地の機器を操作・制御することができ、ロボット等の精緻な操作をリアルタイム通信で実現することができる。

エ適　切。5G では、スマートフォン、PC をはじめ、身の回りのあらゆる機器をネットに接続することができ、自宅部屋内の最大約 100 個の端末・センサーをネットに接続することができる。

解答　ウ

問題74. ローカル5Gのメリットとして<u>適切ではない</u>ものを以下のアからエまで
のうち１つ選びなさい。

ア．地域の企業や自治体等の主体が、携帯事業者による 5G のエリア展開が遅
れる地域において 5G システムを先行して構築することが可能になる。

イ．使用用途に応じて必要となる性能を柔軟に設定することが可能になる。

ウ．他の場所の通信障害や災害などの影響を受けにくい。

エ．地域の企業や自治体等の主体が、無線局免許を取得することなく、システ
ムを構築することができる。

解説　ローカル５G

ア適　切。携帯事業者による 5G のエリア展開が 100％ではない現状では、メ
リットといえる。総務省は、地方を含め、5G 基地局の整備を急速に
進めることとし、2023 年度末には、地域カバー率を98％とするこ
とを見込んでいる。

イ適　切。記述の通り。

ウ適　切。記述の通り。

エ不適切。「無線局免許を取得することなく」が誤りである。ローカル5G は、
地域や産業の個別のニーズに応じて地域の企業や自治体等の様々
な主体が、無線局免許を取得して 自らの土 地内でスポット的に柔
軟に構築できるものである。

解答　エ

問題75. 量子コンピュータに関する次の文章中の（　　）に入る最も適切な語句
の組み合わせを、以下のアからエまでのうち1つ選びなさい。

> 量子コンピュータは、「量子の物理的な動きや振舞い（原子以下の微視的な
> 粒子が同時に複数の状態で存在（　a　）という特性）を利用したコン
> ピューティングシステム」を指す。現在、開発が進められている量子コン
> ピュータには、主に、（　b　）と（　c　）の2種類がある。（b）は、重
> ね合わせの原理などの量子効果を徐々に変化させることでエネルギーの最
> も低い状態を最適解として得るものである。（c）は、従来から研究されて
> いる量子の重ね合わせの原理を用いた方式である。

ア．a．できる　　　b．量子ゲート方式　　　c．量子アニーリング方式

イ．a．できない　　b．量子アニーリング方式　　c．量子ゲート方式

ウ．a．できる　　　b．量子アニーリング方式　　c．量子ゲート方式

エ．a．できない　　b．量子ゲート方式　　　c．量子アニーリング方式

解説　量子コンピュータ

量子コンピュータとは、「量子の物理的な動きや振舞い（原子以下の微視的な粒
子が同時に複数の状態で存在できるという特性）を利用したコンピューティン
グシステム」のことである。IoT の普及によるデータ流通量の増大に伴い、コ
ンピュータによる計算需要の増大が予想され、従来の電磁気学の原理を利用し
たコンピュータ（古典コンピュータ）をはるかにしのぐ計算能力が期待されて
いる。

> 量子コンピュータは、「量子の物理的な動きや振舞い（原子以下の微視的な
> 粒子が同時に複数の状態で存在**できる**という特性）を利用したコンピュー
> ティングシステム」を指す。現在、開発が進められている量子コンピュー
> タには、主に、**量子アニーリング方式**と**量子ゲート方式**の2種類がある。
> **量子アニーリング方式**は、重ね合わせの原理などの量子効果を徐々に変化
> させることでエネルギーの最も低い状態を最適解として得るものである。
> **量子ゲート方式**は、従来から研究されている量子の重ね合わせの原理を用
> いた方式である。

解答　ウ

問題76. 量子コンピュータに関する以下のアからエまでの記述のうち、最も<u>適切</u><u>ではないもの</u>を１つ選びなさい。

ア．政府は 2022 年４月に、量子技術に関する新たな戦略案を公表し、初の国産量子コンピュータを 2030 年度中に整備する目標を示した。

イ．政府は 2022 年４月に、量子技術に関する新たな戦略案を公表し、国内の量子技術の利用者を 2030 年に 1000 万人とする目標を示した。

ウ．政府は 2022 年４月に、量子技術に関する新たな戦略案を公表し、量子技術による生産額を 2030 年に 50 兆円規模とする目標を示した。

エ．政府は 2022 年４月に、量子技術に関する新たな戦略案を公表し、2030 年に目指すべき状況として量子主要３分野（量子コンピュータ、量子暗号通信、量子計測・センシング）で各分野数社以上のユニコーン企業（評価額が 10 億ドルを超える未上場のスタートアップテクノロジー企業）を創出することを示した。

解説　量子コンピュータ

ア不適切。「2030 年度中」が誤りで、正しくは「2022 年度中」である。国立研究開発法人理化学研究所は、国産初号機となる 64 量子ビット超伝導量子コンピュータを開発し、2023 年 3 月に公開した。

イ適　切。「量子未来社会ビジョン」において、「先進諸国においては、過去の事例から、インターネットの利用者率が 5-10%を超えると普及が爆発的に加速するとされている。量子技術の国内利用者（量子技術と知らずに利用している者も含む）についても、同様の比率を目指し、国内利用者 1,000 万人を想定する。」と示されている。

ウ適　切。同ビジョンにおいて、「2030 年の人口（1 億 1913 万人）に対する量子技術の利用者 1,000 万人の割合と、量子技術が寄与し得る産業の生産額（2030 年）約 615 兆円を考慮して、生産額は 50 兆円規模を想定する。」としている。

エ適　切。同ビジョンにおいて、「新興市場である量子ビジネスにおいても、2030 年までに量子主要３分野（量子コンピュータ、量子暗号通信、量子計測・センシング）で未来市場を切り拓くユニコーン企業（各分野数社以上）を創出し、ベンチャー企業の参入を活性化する。」としている。

解答　ア

問題77. Web3に関する以下のアからエまでの記述のうち、最も<u>適切ではない</u>ものを1つ選びなさい。

ア．Web3 では、従来の中央集権型のウェブと異なり、ユーザーは中央集権的なシステムに頼ることなく、自己主体的にアクセスや参加が可能になる。

イ．Web3 では、ブロックチェーン技術が採用されており、分散型台帳によって情報が管理される。

ウ．Web3 では、ユーザーは自分のデータの利用についてより自由に選択することができるようになり、自分のデータがどのように活用されるかを自分自身で決めることが可能になる。

エ．Web3 では、スマートコントラクトが利用され、契約や取引は、信頼できる仲介者を介することで実行される。

解説 Web3

ア適 切。Web3 は、従来の中央集権型のウェブと異なり、分散型のアーキテクチャを採用しているため、ユーザーは中央集権的なシステムに頼ることなく、自己主体的にアクセスや参加が可能になる。

イ適 切。記述の通り。これにより、決済における記録の改竄や不正アクセスを防ぎ、高いセキュリティが確保される。

ウ適 切。従来は中央集権的なプラットフォームが支配的で、ユーザーはデータをこれらのプラットフォームに預けることが一般的であった。例えば、SNS やメールサービスなどの企業は、ユーザーのデータを一元管理し、それらのデータを分析して広告等で利益を得ていた。Web3 では分散型技術が導入され、ユーザーのデータは中央集権的なプラットフォームではなく、分散されたネットワーク上で管理されることになり、ユーザーは自分のデータの利用についてより自由に選択することが可能になる。

エ不適切。スマートコントラクトは、「自己実行可能な契約」の意味である。従来、契約や取引は、信頼を提供する仲介者を介することで実行していたが、スマートコントラクトでは第三者を介する必要がない。事前に定めた条件が満たされれば、仲介者なしに自動的にプログラムが実行される。

解答 エ

第6章　デジタルマーケティング

問題78. ソーシャルリスニングに関する以下のアからエまでの記述のうち、最も適切なものを1つ選びなさい。

ア．ソーシャルリスニングとは、自社が管理するソーシャルメディアに対する書込み、リツイートなどの反応について調査・分析を行い、自社製品・サービスを改善していくマーケティング手法である。

イ．ソーシャルリスニングで調査・分析する対象はソーシャルメディア上の情報であり、精査が容易であるというメリットがある。

ウ．ソーシャルリスニングの対象となるソーシャルメディアは、SNS に限定される。

エ．ソーシャルリスニングの実施における収集・分析を行うツールをソーシャルリスニングツールという。

解説　ソーシャルリスニング

ア不適切。ソーシャルリスニングとは、消費者が発信する自社製品・サービスに対する評判・口コミを調査・分析し、改善していくマーケティング手法である。自社が管理するソーシャルメディアに対する書込み、リツイートも対象になるが、それだけに限定されるものではない。

イ不適切。ソーシャルリスニングで調査・分析する対象はソーシャルメディア上の膨大な情報量であり、精査が難しいといったデメリットがある。

ウ不適切。ソーシャルリスニングの対象となるのは、Twitter や Facebook、Instagram などの SNS に限定されず、ウェブサイト上のブログ、口コミなども対象となる。

エ適　切。記述の通り。ソーシャルリスニングで調査・分析する対象はソーシャルメディア上の膨大な情報量であり、精査が難しく、ソーシャルリスニングツールを活用するのも一つの手である。

解答　エ

問題79. ソーシャルリスニングに関する以下のアからエまでの記述のうち、最も
適切ではないものを１つ選びなさい。

ア. ソーシャルリスニングとは、SNS などのソーシャルメディアでユーザーが
発信している情報を収集して分析し、マーケティング施策に活用するもの
である。

イ. ソーシャルリスニングにより、自社の商品やサービスに関するデータのみ
でなく、競合企業の商品やサービス、現在のトレンドといったデータも
マーケティングに活用することが可能である。

ウ. ユーザーの声の収集という点でソーシャルリスニングとアンケートを比較
すると、SNS は不特定多数が見ることや炎上の可能性があることからユー
ザーが発信時に本音を出しづらいため、ソーシャルリスニングよりもアン
ケートのほうが本音の収集はしやすい。

エ. ソーシャルリスニングでは、膨大なデータから必要なデータを収集して分
析できるため、アンケートによる意見の収集に比べ、多くの幅広い消費者
の意見をマーケティングに活用することができる。

解説 ソーシャルリスニング

ア適 切。記述の通り。SNS の例として、Twitter や Facebook が挙げられる。
イ適 切。記述の通り。ソーシャルリスニング用の色々なツールも開発されて
いるため、様々な収集や分析が可能となっている。
ウ不適切。アンケートは、商品やサービスの企業の人が読むということで不満
などを記載することを遠慮する人もいるため、それに比し SNS のほ
うが本音が出ているとされている。
エ適 切。記述の通り。アンケートは、収集したい意見を直接収集することが
できるが、データ量では、SNS とのほうが膨大なデータになる。

解答 ウ

問題80. DMPに関する以下のアからエまでの記述のうち、最も<u>適切ではないもの</u>を１つ選びなさい。

ア．プライベートDMPとは、自社Webサイトや店舗で取得した個人を特定できる顧客情報や購買履歴、自社Webサイトへのアクセスログ情報などを一元管理するプラットフォームのことである。

イ．パブリックDMPとは、情報を保有する企業が個人を特定できる顧客情報や行動履歴の情報を蓄積するためのプラットフォームのことである。

ウ．プライベートDMPで管理されるデータは「1stパーティデータ」と呼ばれる。

エ．パブリックDMPで管理されるデータは「3rdパーティデータ」と呼ばれる。

解説　DMP

DMPは、Data Management Platform（データマネジメントプラットフォーム）の略で、インターネット上に蓄積される、顧客の属性、行動履歴や買物履歴、Webサイトのログデータなどを一元管理するプラットフォームのことである。

ア適　切。記述の通り。

イ不適切。パブリックDMPには、個人を特定できる顧客情報は蓄積されない。CookieやIPアドレスなど個人を特定できない情報である「3rdパーティデータ」が蓄積される。

ウ適　切。記述の通り。1stパーティデータには、個人を特定できるような顧客の詳細情報が含まれているため、その顧客のニーズに合ったアプローチが可能である。

エ適　切。記述の通り。3rdパーティデータは、CookieやIPアドレスなど個人を特定できない情報で構成されている。

解答　イ

問題81. DMPに関する次の文章中の（　）に入る最も適切な語句の組み合わせ
を、以下のアからエまでのうち１つ選びなさい。

> パブリック DMP とは、情報を保有する企業が顧客情報や行動履歴の情報を
> 蓄積するためのプラットフォームのことで、ここで管理されるデータは
> 「（　a　）データ」と呼ばれ、Cookie や IP アドレスなど個人を特定でき
> ない情報で構成されている。2022 年４月に施行された改正個人情報保護法
> により、Cookie は（　b　）と位置づけられ、その利用が制限されるので
> 留意する必要がある。

ア．a．1st パーティ　　　　　　b．個人関連情報

イ．a．3rd パーティ　　　　　　b．個人関連情報

ウ．a．1st パーティ　　　　　　b．個人情報

エ．a．3rd パーティ　　　　　　b．個人情報

解説　DMP

DMPとは、「Data Management Platform」の略で、インターネット上のデータ
を一元管理するプラットフォームのことであり、DMPプライベートDMPとパブ
リックDMP（オープンDMP）の２種類がある。

個人関連情報は、個人情報保護法において、「生存する個人に関する情報であっ
て、個人情報、仮名加工情報及び匿名加工情報のいずれにも該当しないもの」と
されている。

> パブリック DMP とは、情報を保有する企業が顧客情報や行動履歴の情報を
> 蓄積するためのプラットフォームのことで、ここで管理されるデータは「3rd
> パーティデータ」と呼ばれ、Cookie や IP アドレスなど個人を特定できない
> 情報で構成されている。2022 年４月に施行された改正個人情報保護法によ
> り、Cookie は個人関連情報と位置づけられ、その利用が制限されるので留
> 意する必要がある。

解答　イ

問題82. MAに関する以下のアからエまでの記述のうち、最も<u>適切ではない</u>もの
を１つ選びなさい。

ア．MA とは、収益向上を目的として、マーケティング活動を自動化するツー
ルである。

イ．MA の自動化の対象となるのは、主に、リードジェネレーション、リード
管理、リードナーチャリング、リードスコアリングである。

ウ．リードジェネレーションとは、見込み顧客を年代や見込み度により分類す
ることであり、リードナーチャリングとは、見込み顧客を育成することで
ある。

エ．MA を導入するメリットとして、顧客との関係構築によりブランド価値が
向上する、マーケティングプロセスの可視化により収益が向上するといっ
たことが挙げられる。

解説　MA

ア適　切。記述の通り。MA は、Marketing Automation の略であり、マーケ
ティングを自動化し、見込み顧客を育成するツールである。

イ適　切。記述の通り。リードとは、見込み顧客のことである。

ウ不適切。「見込み顧客を年代や見込み度により分類すること」はリードスコア
リング、またはリードクオリフィケーションという。リードナーチ
ャリングとは、見込み顧客を育成することであり、リードジェネ
レーションとは、見込み顧客の獲得の活動のことである。

エ適　切。記述の通り。マーケティング施策の効果が証明できるといったメ
リットもある。

解答　ウ

問題83. MAに関する以下のアからエまでの記述のうち、最も<u>適切ではない</u>ものを1つ選びなさい。

ア. MAは、マーケティング活動を自動化し、見込み顧客の興味関心に合わせたコミュニケーションを可能とするツールであり、顧客と良好な関係を築くことを目的としている。

イ. MAの導入は、マーケティング部門の人材リソースの削減、最小限の人員での運用を可能とするため、特にマーケティングに関する専門的な知識を持つ人材の採用が困難な中小企業での導入が推奨される。

ウ. MAは、ブラックボックスとなりやすい収益プロセスを可視化、改善する一面を持っている。

エ. MAツールの導入により、電子メールの開封・未開封、自社サイトへの来訪など、個別の見込み顧客の行動履歴をトラッキングして、一元管理することも可能になる。

解説　MA

ア. 適　切。記述の通り。

イ. 不適切。MA の主たる役割は IT 技術によって日々のマーケティング活動を自動化し、見込み顧客や既存顧客に対して One to One コミュニケーションを実現することである。分析には専門的知識も必要であり、人材の削減を主目的として導入されるものではない。

ウ. 適　切。記述の通り。MA では、顧客行動を分析し、日々のマーケティング活動に自動的に反映し改善することが可能なの、どこでどのような形で収益が上がっているか、改善効果があったか等について、プロセスを可視化することができる。

エ. 適　切。記述の通り。

解答　イ

問題84. Cookie（クッキー）に関する以下のアからエまでの記述のうち、最も<u>適切</u><u>ではない</u>ものを１つ選びなさい。

ア．Cookieとは、インターネット利用者がウェブサイトを閲覧した際、閲覧者のウェブブラウザに対してウェブサイト側が保存するテキスト形式の特定の情報のことである。

イ．Cookie の中には、個人を識別できる情報そのものは保存されない。

ウ．インターネット利用者（閲覧者）は、Cookieを管理することはできない。

エ．2022年４月に施行された改正個人情報保護法により、Cookieは「個人関連情報」と位置づけられ、その利用が制限されている。

解説　Cookie

ア適　切。インターネット利用者がウェブサイトを閲覧した際、閲覧者のウェブブラウザに対してウェブサイト側がテキスト形式の特定の情報（閲覧者ごとに割り当てられる ID 等）を保存することができ、この情報を Cookie という。

イ適　切。Cookie の中に個人を識別できる情報やウェブサイトの閲覧履歴はそのまま保存されるわけではない。閲覧者があるウェブサイトとそこに掲載されている広告を閲覧した場合に、広告事業者はそのウェブサイトの URL とブラウザの Cookie を収集する。その情報を蓄積していくと、どの閲覧者（ブラウザ）がどのウェブサイト（広告事業者が広告を出しているウェブサイト）を閲覧したかの履歴になるので、それを利用して閲覧者が興味のありそうな分野等を推測することができる。

ウ不適切。インターネットの利用者側においては、ブラウザの設定を行うことで、自身の Cookie を管理することができる。例えば Cookie を使わない（無効化する）設定や、現状保持している Cookie を削除すること等ができる。

エ適　切。改正個人情報保護法において、「個人関連情報」とは「生存する個人
　　　　に関する情報であって、個人情報、仮名加工情報及び匿名加工情報
　　　　のいずれにも該当しないもの」をいい、例えば、以下のようなもの
　　　　が該当する。
　　　　　・Cookie 等の端末識別子を通じて収集された、ある個人のウェブサ
　　　　　イトの閲覧履歴
　　　　　・ある個人の商品購買履歴・サービス利用履歴
　　　　　・ある個人の位置情報
　　　　改正個人情報保護法では、個人関連情報取扱事業者が、提供先が個
　　　　人関連情報を個人データとして取得することが想定されるときは、
　　　　あらかじめ当該個人関連情報に係る本人の同意等が得られている
　　　　ことを確認しないで、当該個人関連情報を提供してはならないこと
　　　　とされた。

解答　ウ

問題85. レコメンデーションに関する次の文章中の（　　）に入る最も<u>適切な</u>語句の組み合わせを、以下のアからエまでのうち1つ選びなさい。

　レコメンドエンジンの1つで、「新商品」「ピックアップアイテム」などを設定し、運営側が勧めたいコンテンツを表示させる方式を、（　a　）という。一方、顧客の閲覧履歴、購買履歴などをもとに関連のあるコンテンツを勧める方式を、（　b　）という。また、行動パターンと商品のカテゴリーや色、タイプ等をあらかじめ設定しておき、特定の行動をとった顧客に対して、別ブランドの類似商品など関連のあるコンテンツを勧める方式を、（　c　）という。

ア．a．ルールベースレコメンド　　　b．協調フィルタリング
　　c．コンテンツベースフィルタリング

イ．a．協調フィルタリング　　　　　b．ルールベースレコメンド
　　c．コンテンツベースフィルタリング

ウ．a．協調フィルタリング　　　　　b．コンテンツベースフィルタリング
　　c．ルールベースレコメンド

エ．a．ルールベースレコメンド　　　b．コンテンツベースフィルタリング
　　c．協調フィルタリング

解説　レコメンデーション

顧客がある Web サイトを訪れ、その顧客の好みや特性に合わせた商品や情報を自動的に表示するシステムを、レコメンドエンジン（レコメンデーション・システム）という。この仕組みには、「協調フィルタリング」や「ルールベースレコメンド」、「コンテンツベースフィルタリング」などがある。

> レコメンドエンジンの1つで、「新商品」「ピックアップアイテム」などを設定し、運営側が勧めたいコンテンツを表示させる方式を、**ルールベースレコメンド**という。一方、顧客の閲覧履歴、購買履歴などをもとに関連のあるコンテンツを勧める方式を、**協調フィルタリング**という。また、行動パターンと商品のカテゴリーや色、タイプ等をあらかじめ設定しておき、特定の行動をとった顧客に対して、別ブランドの類似商品など関連のあるコンテンツを勧める方式を、**コンテンツベースフィルタリング**という。

解答　ア

問題86. スクレイピングに関する以下のアからエまでの記述のうち、最も<u>適切では</u><u>ないもの</u>を1つ選びなさい。

ア．WebサイトのHTMLから必要なデータだけを自動的に抽出し、利用しやすいように加工する技術のことを、Webスクレイピングという。

イ．Webスクレイピングは、対象となるWebサイトのサーバに負荷をかけることなく、自社のデータ以外のデータを取得することができる。

ウ．Webスクレイピングは、著作権の侵害となることがある。

エ．利用規約でスクレイピングの禁止を明示しているSNSがある。

解説　スクレイピング

ア適　切。スクレイピングとは、Web サイトの中から、不要な情報を削り必要なデータのみを取得し、利用しやすいように加工する技術である。

イ不適切。Web スクレイピングは、対象となる Web サイトのサーバに負担をかけることがある。過度な負担をかけた場合相手側から訴えられる可能性もあるので、注意が必要である。

ウ適　切。一定の許される目的（個人的な利用、比較、分類その他の解析）以外の目的での利用は、著作権の侵害となることがある。(特に出典はなし。各種サイトを見ると総合的にそうなる)

エ適　切。X（旧 Twitter）の利用規約には、「スクレイピングを、当社による事前の書面での同意がないまま行うことは明示的に禁止されています。」とある。

解答　イ

問題87. インターネット広告に関する次の文章中の（　　）に入る最も<u>適切な語</u>
　　　　句の組み合わせを、以下のアからエまでのうち１つ選びなさい。

（　a　）とは、複数のアドネットワークと広告媒体を取りまとめ、それら
が持つ広告掲載枠を交換できるプラットフォームのことである。(a) では、
インプレッションが発生するその都度入札が行われ、最も高い価格を入札し
た広告が表示される RTB と呼ばれる仕組みが採用されている。また、入札
単価のむやみな高騰を防ぐため、入札価格は、（　b　）が採用されている。

ア．a．アドインジェクション　　　　b．フロアプライスビッディング

イ．a．アドエクスチェンジ　　　　　b．フロアプライスビッディング

ウ．a．アドインジェクション　　　　b．セカンドプライスビッディング

エ．a．アドエクスチェンジ　　　　　b．セカンドプライスビッディング

解説　インターネット広告

セカンドプライスビッディングは、入札単価のむやみな高騰を防ぐため、入札
価格は、最高入札額ではなく、２番目の入札額に１円をプラスして課金される
というものである。

<u>アドエクスチェンジ</u>とは、複数のアドネットワークと広告媒体を取りまとめ、
それらが持つ広告掲載枠を交換できるプラットフォームのことである。<u>アドエ
クスチェンジ</u>では、インプレッションが発生するその都度入札が行われ、最も
高い価格を入札した広告が表示される RTB と呼ばれる仕組みが採用されてい
る。また、入札単価のむやみな高騰を防ぐため、入札価格は、<u>セカンドプライ
スビッディング</u>が採用されている。

解答　エ

問題88. アドネットワークに関する次のaからdまでの記述のうち、<u>適切なもの</u>はいくつあるか。以下のアからエまでのうち１つ選びなさい。

a. アドネットワークのメリットとして、入札したアドネットワーク傘下の媒体に大量の出稿が可能な点が挙げられる。

b. アドネットワークのメリットとして、希望する出稿媒体を選定できるため、関連の強い媒体に広告配信することができる点が挙げられる。

c. アドネットワークのデメリットとして、インプレッション、クリック、CTR、コンバージョン、CVR などの効果測定データを入手できない点が挙げられる。

d. アドネットワークのデメリットとして、アドネットワークごとに入札システム、課金形態、ターゲティング手法が異なる点が挙げられる。

ア．１つ　　　イ．２つ　　　ウ．３つ　　　エ．４つ

解説　アドネットワーク

a 適　切。記述の通り。

b 不適切。アドネットワークでは、出稿媒体の完全な選定ができないため、関連の薄い媒体に広告配信されてしまうことがある。

c 不適切。アドネットワークでは、インプレッション、クリック、CTR、コンバージョン、CVR などの効果測定データを入手することができる。

d 適　切。記述の通り。

aとdの２つが適切である。

解答　イ

第7章　情報セキュリティ

問題89. 悪意のあるプログラムに関する以下のアからエまでの記述のうち、最も適切ではないものを1つ選びなさい。

ア．マルウェアとは、不正かつ有害な動作を起こす意図で作られた、悪意のあるプログラムの総称であり、コンピュータウイルスはマルウェアの一種である。

イ．ボットとは、コンピュータを外部から遠隔操作するためのコンピュータウイルスのことである。

ウ．独立行政法人情報処理推進機構（IPA）が公表した、「情報セキュリティ10大脅威 2024」では、組織向けの脅威の第1位に「標的型攻撃による機密情報の窃取」が選出されている。

エ．サイバーセキュリティタスクフォース事務局は、社会全体のデジタル改革・DX 推進のためには、国民一人ひとりが安心してその基盤となるデジタルを活用できるよう、サイバーセキュリティを確保することが前提となるとしている。

解説　サイバーセキュリティ

ア適　切。マルウェアとは、不正かつ有害な動作を起こす意図で作られたコンピュータウイルス（ウイルス）、スパイウェア、ボットなど、悪意のあるプログラムの総称である。

イ適　切。記述の通り。

ウ不適切。独立行政法人情報処理推進機構（IPA）が公表した、「情報セキュリティ10大脅威 2024」では、組織向けの脅威の第1位に「ランサムウェアによる被害」、第2位に「サプライチェーンの弱点を悪用した攻撃」を選出している。

エ適　切。記述の通り。

解答　ウ

問題90. ランサムウェアに関する以下のアからエまでの記述のうち、最も適切ではないものを１つ選びなさい。

ア. ランサムウェアは、パソコンをロックしたり、ファイルを暗号化して使用不能にさせ、元に戻すことと引き換えに「身代金」を要求する不正プログラムである。

イ. ランサムウェアによる攻撃の際にはOSやソフトウェアの脆弱性が利用されることが多いため、日頃使用しているOSやソフトウェアをアップデートして、既知の脆弱性に対して備えることが重要である。

ウ. 近年ランサムウェアの新しい攻撃方法として増加している「二重の脅迫」とは、一度身代金を支払った企業に対して、一定期間の経過後に改めて攻撃を行う方法である。

エ. 近年、医療機関におけるランサムウェア等の被害が多発しており、厚生労働省はサイバー攻撃に対応するガイドラインの改訂版を公表している。

解説　ランサムウェア

ア適　切。記述の通り。

イ適　切。　記述の通り。

ウ不適切。二重の脅迫（double extortion）は、近年増えている攻撃で、ランサムウェアにより暗号化したデータを復旧するための身代金の要求に加え、暗号化する前にデータを窃取しておき、支払わなければデータを公開する等と脅迫する攻撃方法で、暴露型ランサム等とも呼ばれている。

エ適　切。2018年には奈良県宇陀市の市立病院、2021年は徳島県つるぎ町の町立病院で、2022年1月には愛知県春日井市の私立病院でランサムウェアの被害があり、病院という人命を預かる業務の性質上、大変な負担が病院にかかり大きく報道された。厚生労働省は、医療機関向けのセキュリティ対策について解説したガイドラインを改訂し、「医療情報システムの安全管理に関するガイドライン　第5.2版」を公表した。その内容には、ランサムウェアによる攻撃への対応としてのバックアップのあり方等の対策も示されている。

解答　ウ

問題91. ソーシャルエンジニアリングへの対策に関する次のaからdまでの記述
のうち、<u>適切な</u>ものはいくつあるか。以下のアからエまでのうち1つ選
びなさい。

a. 電話を利用したソーシャルエンジニアリングへの対策として、システムの
管理者以外の者には電話でパスワードなどの重要な情報を伝えないとい
うルールを定めておく。

b. スキャベンジングへの対策として、オフィス内であっても、パスワードや
クレジットカードの番号など、キーボードで重要な情報を入力する際には、
周りに注意する。

c. トラッシングへの対策として、重要な資料を廃棄する際には、情報を読み取
られることがないよう、シュレッダにかけたり、溶解する等の処理を行う。

d. 標的型攻撃メールへの対策として、疑わしいメールを受け取った場合は、
システムの管理者等にすぐに報告・相談する。

ア. 1つ　　　　イ. 2つ　　　　ウ. 3つ　　　　エ. 4つ

解説　ソーシャルエンジニアリング

a 不適切。「システムの管理者以外の者には」が不適切である。システムの管
理者の名を騙ってパスワードを聞き出すことが考えられることか
ら、あらかじめ電話では誰に対してであっても、パスワードなどの
重要な情報を伝えないというルールを決めておくべきである。

b 不適切。本肢の記述は、肩越しにキー入力を見る「ショルダーハッキング」
のものである。「スキャベンジング」は、「トラッシング」と同義
で、ごみ箱に捨てられた資料（紙や記憶媒体）から、情報を探し出
す行為のことである。

c 適　切。記述の通り。

d 適　切。記述の通り。標的型攻撃メールとは、不特定多数の対象にばらまか
れる通常の迷惑メールとは異なり、対象の組織から重要な情報を盗
むことなどを目的として、組織の担当者が業務に関係するメールだ
と信じて開封してしまうように巧妙に作り込まれたウイルス付き
のメールのことである。

cとdの2つが適切である。

解答　イ

問題92. 総務省の「サイバーセキュリティ対策情報開示の手引き」の「緊急対応体制の整備」に記されている内容に<u>該当しない</u>ものを、以下のアからエまでの記述のうち１つ選びなさい。

ア．影響範囲や損害の特定、被害拡大防止を図るための初動対応、再発防止策の検討を速やかに実施するための組織内の対応体制を整備する。

イ．被害発覚後の通知先や開示が必要な情報を把握する。

ウ．情報開示の際に経営者へ説明ができる体制を整備する。

エ．インシデント発生時の対応について、適宜実践的な演習を実施する。

解説　緊急対応体制の整備

「経営者へ説明ができる体制」が誤りで、正しくは「経営者が組織の内外へ説明ができる体制」である。

総務省サイバーセキュリティ統括官の「サイバーセキュリティ対策情報開示の手引き（2019年6月）」における「企業において実施されることが望まれるサイバーセキュリティ対策」の一つに「緊急対応体制の整備」があり、以下のように記されている。

「影響範囲や損害の特定、被害拡大防止を図るための初動対応、再発防止策の検討を速やかに実施するための組織内の対応体制（CSIRT：Computer Security Incident ResponseTeam 等）を整備する。被害発覚後の通知先や開示が必要な情報を把握するとともに、情報開示の際に経営者が組織の内外へ説明ができる体制を整備する。また、インシデント発生時の対応について、適宜実践的な演習を実施する。」

解答　ウ

問題93. デジタルフォレンジックに関する次の文章中の（　　）内に入る語句として最も適切なものを以下のアからエまでのうち１つ選びなさい。

> 経済産業省の「情報セキュリティサービス基準」では、「デジタルフォレンジック」を「システムやソフトウェア等の資源及び環境の不正使用、サービス妨害行為、データの破壊、意図しない情報の開示等、並びにそれらへ至るための行為（事象）等への対応等や（　　）に際し、電磁的記録の証拠保全、調査及び分析を行うとともに、電磁的記録の改ざん及び毀損等についての分析及び情報収集等を行う一連の科学的調査手法及び技術」としている。

ア．法的紛争・訴訟

イ．技術的措置・改修

ウ．組織的措置・対応

エ．物理的対策・応用

解説　デジタルフォレンジック

> 経済産業省の「情報セキュリティサービス基準」では、「デジタルフォレンジック」を「システムやソフトウェア等の資源及び環境の不正使用、サービス妨害行為、データの破壊、意図しない情報の開示等、並びにそれらへ至るための行為（事象）等への対応等や**法的紛争・訴訟**に際し、電磁的記録の証拠保全、調査及び分析を行うとともに、電磁的記録の改ざん及び毀損等についての分析及び情報収集等を行う一連の科学的調査手法及び技術」としている。

解答　ア

問題94. SSL／TLSに関する以下のアからエまでの記述のうち、最も<u>適切ではな</u><u>い</u>ものを1つ選びなさい。

ア．SSL／TLSは、インターネット上でデータを暗号化して送受信する方法の
ひとつである。

イ．クレジットカード番号や個人情報を扱う多くのWebサイトでは、SSL／TLS
が利用される。

ウ．セキュリティ関連のプロトコルとしてよく利用されているHTTPSは、Web
サーバとブラウザ間でデータをやりとりするためのHTTPにTLSの暗号化
機能を付加したものである。

エ．先行して普及したTLSの後継がSSLであり、SSLは、旧規格のTLSと合わせ
てSSL／TLSと呼ばれている。

| 解説　SSL／TLS |

ア適　切。記述の通り。

イ適　切。クレジットカード番号や個人情報を扱う多くの Web サイトでは通
　　　　信途中での傍受やなりすましによる情報漏洩を防ぐ目的で、SSL／
　　　　TLS が利用される。

ウ適　切。記述の通り。

エ不適切。説明では SSL と TLS が逆になっている。先行して普及した SSL に
　　　　重大な脆弱性が見つかり、バージョンアップされた後継が TLS で
　　　　ある。現在、通称として SSL と呼ばれているものは、SSL に変わる
　　　　新しい仕組みである TLS である。そのため旧規格の SSL を合わせて
　　　　SSL／TLS と呼んでいる。

| 解答　エ |

問題95. CSIRTに関する以下のアからエまでの記述のうち、最も<u>適切ではない</u>も
のを１つ選びなさい。

ア．CSIRT とは、「Computer Security Incident Response Team」の略語で、
「コンピュータセキュリティにかかるインシデントに対処するための組
織」の総称である。

イ．CSIRT は、インシデント発生後ただちに組織され、攻撃情報を収集、分析
し、対応方針や手順の策定などの活動を行う。

ウ．CSIRT は、セキュリティ統括機能と一体で運営される場合もある。

エ．CSIRT は、技術担当者、各部署の担当者、情報セキュリティ部門、経営陣
など、様々な役割のスタッフで構成されることが望ましい。

解説　CSIRT

ア適　切。記述の通り。

イ不適切。CSIRT は、インシデント発生後に組織されるものではない。CSIRT
は、インシデント発生時の対応だけでなく、平常時からインシデン
ト関連情報、脆弱性情報、攻撃予兆情報を収集、分析し、対応方針
や手順の策定などの活動を行う 。

ウ適　切。記述の通り。企業によっては、セキュリティ統括機能を CSIRT の
機能に含めている場合もある。

エ適　切。CSIRT は、CISO や技術担当者、各部署の担当者、情報セキュリティ
部門、経営陣など、様々な役割のスタッフで構成されることが望ま
しい。日本シーサート協議会の「CSIRT 人材の定義と確保」には、
「CSIRT の役割とその業務内容」として、機能分類に情報共有、情
報収集・分析、インシデント対応、自組織内教育の４つを挙げ、そ
の下部に様々な役割を示している。

解答　イ

問題96. 個人情報保護法に関する以下のアからエまでの記述のうち最も<u>適切では</u><u>ない</u>ものを１つ選びなさい。

ア．個人情報保護法が施行されるまでは、個人情報とは何かを定めた法律はなかった。

イ．個人情報保護法には、プライバシーの保護や取扱いに関する規定はない。

ウ．個人情報とは、「氏名」、「生年月日と氏名の組合せ」、「顔写真」等により特定の個人を識別することができる、生存する個人に関する情報である。

エ．免許証番号は、「個人識別符号」であり、個人情報には該当しない。

解説　個人情報保護法

ア適　切。個人情報保護法が施行されるまでは、情報化社会が進むにつれて、例えば、クレジットカードの番号やその他の暗証番号等が流出し、悪用されるケースが増加してきたにもかかわらず、個人情報を保護する法律はおろか、個人情報とは何かを定めた法律もなかった。そのため、個人情報に関する定義や外部流出による不正・悪用の防止を目的とした個人情報保護法が、 2005 年 4 月に施行された。

イ適　切。記述の通り。個人情報保護法上、プライバシーの保護や取扱いに関する規定はないが、個人情報保護法は、「個人情報」の適正な取扱いにより、プライバシーを含む個人の権利利益の保護を図るものである。

ウ適　切。記述の通り。

エ不適切。旅券番号、基礎年金番号、免許証番号、住民票コード、マイナンバー、DNA、顔認証データ等の政令・規則で個別に指定されている「個人識別符号」は個人情報に該当する。

解答　エ

問題97. GDPRに関する以下のアからエまでの記述のうち最も<u>適切</u>なものを１つ
選びなさい。

ア．GDPRとは、EU域内の個人データ保護を規定する法として、「EUデータ保
護指令」に代わり、1995年に制定された一般データ保護規則のことである。

イ．GDPRは個人データやプライバシーの保護に関して、EU加盟国に同一に直
接効力をもつが、EU域外の事業者に対する効力はない。

ウ．欧州委員会は、GDPR45条に基づき、日本が個人データについて十分な保
護水準を確保していると決定している。

エ．日EU双方の個人情報保護に関する制度には、相違点は存在しない。

解説　GDPR

ア不適切。GDPR が制定されたのは、2016 年のことである。GDPR（General
Data Protection Regulation）とは、EU 域内の個人データ保護を規
定する法として、「EU データ保護指令（Data Protection Directive
95）」に代わり、2016 年 4 月に制定された一般データ保護規則のこ
とである。1995 年は、EU データ保護指令が採択された年である。

イ不適切。GDPR は個人データやプライバシーの保護に関して、EU 加盟国に
同一に直接効力を持ち、EU データ保護指令より厳格に規定してお
り、EU 域内の事業者だけでなく EU 域外の事業者にも適用される。

ウ適　切。記述の通り。これにより、日 EU 間で、個人の権利利益を高い水準で
保護した上で相互の円滑な個人データ移転が図られることとなる。

エ不適切。日 EU 双方の個人情報保護に関する制度は極めて類似しているが、い
くつかの関連する相違点が存在する。相違点が存在するという事実
に照らして、個人情報の保護に関する基本方針を踏まえ、EU 域内
から十分性認定により移転を受けた個人情報について高い水準の
保護を確保するために、個人情報取扱事業者による EU 域内から十
分性認定により移転を受けた個人情報の適切な取扱い及び適切か
つ有効な義務の履行を確保する観点から、各国政府との協力の実施
等に関する法の規定に基づき、個人情報保護委員会は補完的ルール
を策定している。

解答　ウ

【第3課題　DX の展開】

第1章　DX 人材

問題98.　DX人材に関する以下のアからエまでの記述のうち、最も<u>適切ではない</u>ものを1つ選びなさい。

ア．日本では、システム開発について、ユーザー企業からの発注をベンダー企業が受託し、完成したシステムを納品する取引形態が一般的であるため、ベンダー企業側にノウハウが蓄積され、ユーザー企業には蓄積されないことが DX 推進の妨げの一因となっているといわれる。

イ．「DX 白書 2021」によると、日本では、社員の IT リテラシーの向上に関する施策について、「社内研修・教育プランを実施している」企業が 80％を超えているにもかかわらず、全社員の IT リテラシーレベルの把握については、「認識・把握している」「だいたい把握している」を合わせて2割程度であり、教育の効果が測定できていないことが問題となっている。

ウ．スピードが求められる DX の推進には、業務への理解の深さが必要となるため、内製化が有利に働くといわれている。

エ．日本では、ICT 企業に所属する ICT 人材の割合が、ユーザー企業の人材よりも圧倒的に多く、ユーザー企業にも多くの ICT 人材が所属する諸外国とは対照的である。

解説　DX 人材

ア適　切。記述の通り。「DX レポート」でこのように指摘されている。

イ不適切。「社内研修・教育プランを実施している」企業は 22% であり、全社員の IT リテラシーレベルの把握については、「認識・把握している」「だいたい把握している」を合わせて 40% 程度である。「社内研修・教育プランを実施している」企業の割合が少ないことが問題である。（下図参照）

ウ適　切。記述の通り。

エ適　切。独立行政法人情報処理推進機構（IPA）の調査でこのような結果となっている。

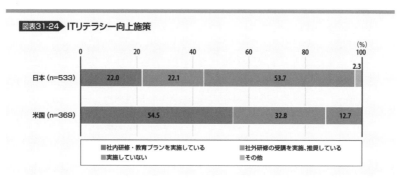

図表31-24 ▶ IT リテラシー向上施策

日本 (n=533)：22.0 / 22.1 / 53.7 / 2.3
米国 (n=369)：54.5 / 32.8 / 12.7

■社内研修・教育プランを実施している　■社外研修の受講を実施、推奨している
■実施していない　■その他

出典：「DX 白書 2021」

解答　イ

問題99. 多様な人材に関する以下のアからエまでの記述のうち最も<u>適切な</u>ものを
1つ選びなさい。

ア.「多様な人材（ダイバーシティ）」は、性別や国籍、雇用形態等の統計等で
表されるものだけではない。

イ. グローバル化された組織においては、公正な採用制度を導入することが重
要であり、評価制度の仕組みは重視されない。

ウ. 経済産業省は、中長期的に企業価値を生み出し続けるダイバーシティ経営
の在り方について検討を行い、2018年に、企業が取るべきアクションをま
とめた「ダイバーシティ1.0行動ガイドライン」を策定した。

エ.「ダイバーシティ」が存在することとは、「インクルージョン」であること
である。

解説　ダイバーシティ

ア適　切。内閣府「令和元年度　年次経済財政報告」には、「「多様な人材（ダ
イバーシティ）」とはそもそも何を指すのかについて整理すると、広
義の多様性には、性別や国籍、雇用形態等の統計等で表されるもの
だけではなく、個々人の価値観など統計では表されない深層的なも
のも含まれる。」とある。

イ不適切。グローバル化された組織では、当然のことながら、「属性」および「個
人の特性」は多様であり、その多様な「属性」および「個人の特性」
を活かすためには、組織の仕組みの変革や、新たな風土を築く必要
がある。例えば、どのような国籍やバックグラウンドを持つ人で
あっても納得できる、透明性の高い評価制度を全社に導入・運用す
るということなどが挙げられる。

ウ不適切。「ダイバーシティ1.0行動ガイドライン」が誤りで、正しくは「ダイ
バーシティ2.0行動ガイドライン」である。経済産業省は、2017年8
月に「競争戦略としてのダイバーシティ経営（ダイバーシティ2.0）
の在り方に関する検討会」を立ち上げ、中長期的に企業価値を生み
出し続けるダイバーシティ経営の在り方について検討を行い、企業
が取るべきアクションをまとめた「ダイバーシティ2.0行動ガイドラ
イン」を策定した（2018年3月）。経済産業省「ダイバーシティ2.0一
歩先の競争戦略へ」では、「ダイバーシティ1.0」は、「形式的な対応」
とされている。

エ不適切。ダイバーシティが存在すること（一定割合の多様性が存在すること）
と、その多様な人材がそれぞれの能力を活かして活躍できている状
態（インクルージョン）とは必ずしも一致しない。「インクルージョ
ン」は、「包摂」と訳され、多様な人々を受け入れることである。ダ
イバーシティが存在すること（一定割合の多様性が存在すること）
と、その多様な人材がそれぞれの能力を活かして活躍できている状
態（インクルージョン）とは必ずしも一致しない。例えば、女性割
合が50％である企業であっても、男女が平等に扱われていない企業
や、適材適所でない人事配置を行っている企業などでは、多様な人
材が活躍しているとは言えない。

解答　ア

問題100. データサイエンティストに関する以下のアからエまでの記述のうち、最も適切ではないものを１つ選びなさい。

ア．データサイエンティストは、データアナリストと同義であり、事業・業務に精通したデータ解析・分析を行い、企業の課題解決をサポートすることができる人材である。

イ．一般社団法人 データサイエンティスト協会は、データサイエンティストに必要とされる３つの能力として、「データサイエンス力」「データエンジニアリング力」「ビジネス力」を挙げている。

ウ．データサイエンティストには、AI、統計学、情報処理などのスキルが必要である。

エ．データサイエンティストには、データを加工し、実装・運用できるスキルも必要であり、プログラミング言語やデータベース言語の知識があることが望ましい。

解説　データサイエンティスト

ア不適切。データサイエンティストとデータアナリストは、どちらもデータの解析・分析を行うが、データアナリストが解析・分析を主として行うことに対し、データサイエンティストは、企業の課題解決をサポートすることまでを行うため、同じものではない。

イ適　切。一般社団法人 データサイエンティスト協会は、データサイエンティストに必要とされる３つの能力を以下のように定義している。
・データサイエンス力：情報処理、人工知能、統計学などの情報科学系の知恵を理解し、使う力
・データエンジニアリング力：データサイエンスを意味のある形に使えるようにし、実装、運用できるようにする力
・ビジネス力：課題背景を理解した上で、ビジネス課題を整理し、解決する力

ウ適　切。記述の通り。AI、統計学、情報処理などの情報処理を活用するスキルは、データサイエンティストに必要なデータエンジニアスキルと言われている。

エ適　切。記述の通り。データを意味のある形に加工し、実装・運用できるスキルは、データサイエンティストに必要なデータサイエンススキルと言われている。

解答　ア

問題101. 次の表は、ユーザー企業に対する人材タイプ別の重要度についての調査で、回答の多かった上位４項目を示したものである。表中の（　）に入る項目として最も<u>適切な</u>ものを、以下のアからエまでのうち１つ選びなさい。

ユーザー企業における人材タイプ別の重要度

プロダクトマネージャー	77.9%
データサイエンティスト	74.0%
（　　　）	73.1%
テックリード	63.6%

出典：IPA「DX 推進に向けた企業と IT 人材の実態調査〜詳細編〜
令和２年５月 14 日（IT 人材白書 2020 調査データより）」

ア．エンジニア／プログラマ

イ．先端技術エンジニア

ウ．ビジネスデザイナー

エ．UI/UX デザイナー

解説　ユーザー企業に対する人材タイプ別の重要度

ユーザー企業、IT 企業のいずれのセグメントにおいても 共通して重要度が高いのはプロダクトマネージャーやビジネスデザイナーである。加えて、ユーザー企業ではデータサイエンティストの重要度が高い。

ユーザー企業における人材タイプ別の重要度

プロダクトマネージャー	77.9%
データサイエンティスト	74.0%
ビジネスデザイナー	73.1%
テックリード	63.6%
エンジニア/プログラマ	62.7%
先端技術エンジニア	52.9%
UI/UXデザイナー	51.3%

出典：IPA「DX 推進に向けた企業と IT 人材の実態調査

〜詳細編〜　令和 2 年 5 月 14 日

（IT 人材白書 2020 調査データより）」

解答　ウ

問題102. DX人材の確保に関する次の文章中の（　　）に入る最も<u>適切な語句</u>の
組み合わせを、以下のアからエまでのうち1つ選びなさい。

コロナ禍で多くの企業がテレワークをある意味強制的に導入すること
となったが、同時に、個人に割り当てられた仕事の範囲を明確に（　a　）
ようなこれまでの働き方がうまく機能しない事態に直面した。今後は、
テレワーク環境下においても機能する（　b　）型の雇用に移行する方
向で考えるべきである。
（b）型雇用の考え方は、特に、DXを進めるに際して、社外を含めた
多様な人材が参画してコラボレーションするようなビジネス環境として
重要なものになる。
ただし、とにかく雇用を（b）型にすれば良いということではなく、
まずは（b）を明確にし、そのうえでさらに成果の評価基準を定めるこ
とから始めることが現実的である。

ア．a．線引きしない　　　　　　b．ジョブ

イ．a．線引きする　　　　　　　b．メンバーシップ

ウ．a．線引きしない　　　　　　b．メンバーシップ

エ．a．線引きする　　　　　　　b．ジョブ

解説　DX人材の確保

「DXレポート2」では、DX人材の確保のために、ジョブ型人事制度の拡大を提言している。

「ジョブ型」の雇用とは、人材マネジメントの基本的な考え方の1つで、「仕事」をきちんと決めておいてそれに「人」を当てはめるというものである。「ジョブ型」の対義語は「メンバーシップ型」で、「人」を中心にして管理が行われ、「人」と「仕事」の結びつきはできるだけ自由に変えられるようにしておくものである。従来の日本の正規雇用労働者の形態は、「メンバーシップ型」である。

　コロナ禍で多くの企業がテレワークをある意味強制的に導入することとなったが、同時に、個人に割り当てられた仕事の範囲を明確に**線引きしない**ようなこれまでの働き方がうまく機能しない事態に直面した。今後は、テレワーク環境下においても機能する**ジョブ**型の雇用に移行する方向で考えるべきである。

　ジョブ型雇用の考え方は、特に、DXを進めるに際して、社外を含めた多様な人材が参画してコラボレーションするようなビジネス環境として重要なものになる。

　ただし、とにかく雇用を**ジョブ**型にすれば良いということではなく、まずは**ジョブ**（仕事）を明確にし、そのうえでさらに成果の評価基準を定めることから始めることが現実的である。

解答　ア

問題103. 「DXレポート２」に記されている、DX人材の確保に関する以下のアからエまでの記述のうち、最も<u>適切ではない</u>ものを１つ選びなさい。

ア．DX を推進するために必要となる人材については、外部のベンダー企業に任せるのではなく、企業が自ら確保するべきである。

イ．DX の推進においては、企業が市場に対して提案する価値を現実のシステムへと落とし込む指導者の役割が極めて重要である。

ウ．技術者が常に新しい技術に敏感になり、学び続けるマインドセットを持つことができるよう、専門性を評価する仕組みや、リカレント学習の仕組みを導入すべきである。

エ．副業・兼業を行いやすくすることも重要である。

解説　DX 人材の確保

ア適　切。DX は企業が自ら変革を主導することにより達成されるものである。　DX を推進するには、構想力を持ち、明確なビジョンを描き、自ら組織をけん引し、また実行することができるような人材が必要となる。このため、DX を推進するために必要となる人材については（外部のベンダー企業に任せるのではなく）企業が自ら確保するべきである。

イ不適切。「指導者の役割」が誤りで、正しくは「技術者の役割」である。

ウ適　切。技術者のスキルの陳腐化は、 DX の足かせとなってしまう。従って、常に新しい技術に敏感になり、学び続けるマインドセットを持つことができるよう、専門性を評価する仕組みや、リカレント学習の仕組みを導入すべきである。

エ適　切。副業・兼業を行いやすくし、人材流動や、社員が多様な価値観と触れる環境を整えることも重要である。

解答　イ

問題104.「DXレポート２」に記されている、大規模ソフトウェアの受託開発についての問題点に関する以下のアからエまでの記述のうち、最も<u>適切</u>ではないものを１つ選びなさい。

ア．ベンダー企業が、顧客が求めるスピード感や変化への対応が困難になっている。

イ．ベンダー企業が生産性を向上すると、稼働する労働量が増え、売上が下がる。

ウ．ベンダー企業が、自社に不足しているエンジニア分の稼働を下請企業との取引で補っている。

エ．ベンダー企業が下請企業に再委託する際には管理費等が差し引かれ、より安価な発注となってしまい、結果として多重下請構造という社会問題を引き起こしている。

| 解説　IT 人材の不足/人材の内製化 |

ア適　切。従来型の要求仕様を整理・調達し、契約を結び、ウォーターフォール型開発を行う開発手法は時間がかかり、顧客が求めるスピード感や変化への対応が困難となる。

イ不適切。「稼働する労働量が増え」が誤りで、正しくは「稼働する労働量が減り」である。従来型の開発では、開発費用が労働量に対する対価となっている（開発に時間がかかれば、それだけ売り上げが上がる）結果、生産性を向上すると稼働する労働量が減り売上が下がってしまうという構造的なジレンマが、ベンダー企業にはある。

ウ適　切。需要の変動を吸収する役割を担ってきたベンダー企業は、エンジニアの安定的な供給観点から、自社に不足しているエンジニア分の稼働を下請企業との取引で補っている。

エ適　切。ユーザー企業とベンダー企業との間の契約ではエンジニアの単価が固定されていることが多いため、ベンダー企業が下請企業に再委託する際には管理費等が差し引かれ、より安価な発注となってしまう。結果として、多重下請構造という社会問題を構成している。

| 解答　イ |

問題105. 第４次産業革命対応人材に関する以下のアからエまでの記述のうち、
最も<u>適切ではない</u>ものを１つ選びなさい。

ア．ビッグデータ、IoT、AI、ロボット等により、定型労働に加えて非定形労働に
おいても省人化が進展し、人手不足の解消につながると考えられる。

イ．進展する ICT を活かした効率的な働き方、テレワークの拡大や個人による
シェアリング・サービスの提供などに対応した働き方の改革が重要である。

ウ．情報サービス業においては、AI やロボットの活用が進むにつれ、人が対応す
べき業務が減り、雇用吸収力が弱まることが予想されている。

エ．大きく変化する技術の波に対し、一企業の内部訓練だけで対応することは困
難であることから、官民及び大学も含め、企業外部の能力開発の機会を拡充
していくことが重要である。

解説　第４次産業革命対応人材

ア適　切。記述の通り。第４次産業革命のテクノロジーにより、バックオフィ
ス業務等、ミドルスキルのホワイトカラーの仕事は大きく減少して
いく可能性が高い。

イ適　切。記述の通り。内閣府「第４次産業革命のインパクト」にこのように
記載されている。

ウ不適切。情報サービス業においては、新しい高度な技術を持った人材が必要
とされ、全体では雇用吸収力は強まり、新たな雇用を必要とする分
野への人材の移動が求められると見られている。

エ適　切。内閣府「第４次産業革命のインパクト」にこのように記載されている。

解答　ウ

問題106. DXを推進する経営レベルのポジションに関する以下のアからエまでの
記述のうち、最も<u>適切ではない</u>ものを１つ選びなさい。

ア．CIO は、「Chief Information Officer」の頭文字をとったものであり、既存
の IT システム一般を効率化すること等に責任があるとされる。

イ．CIO の役割を広く捉えた「平成 21 年度 IT 人材育成強化加速事業報告書」
において、目指すべき CIO 像として、「Chief Intelligence Officer」、「Chief
Innovation Officer」、「Chief Information Officer」の３つが挙げられている。

ウ．CDO は、「Chief Digital Officer」の頭文字をとったものであり、主な役割
として、DX の戦略策定、DX の戦略を推進するための全社的なコーディ
ネーション、DX 推進のための企業文化の変革がある。

エ．CDXO は、「Chief Digital Transformation Officer」の頭文字をとったも
のであり、一般的に CIO や CDO とは明確に役割が区別され、CDXO は
DX の推進のみを担当する。

解説　DX 人材

ア適　切。記述の通り。CIO は、CDO や CDXO より以前からあるポジショ
ンである。

イ適　切。記述の通り。Chief Information Officer の役割が主として CDXO
の役割に相当するとされている。

ウ適　切。記述の通り。「DX レポート２」に、このように記載されている。

エ不適切。CIO が CDXO を兼務している例があるなど、CIO、CDO、CDXO
の役割は明確に区別されておらず、DX を経営レベルで推進でき
るようにするためには、役割を明確にする必要がある。

解答　エ

第2章　DX の方法論

問題107. システムの開発手法に関する以下のアからエまでの記述のうち、最も<u>適切な</u>ものを1つ選びなさい。

ア.「アジャイルモデル」は、従来のソフトウェア開発における主流であるが、最初に全体の機能設計・計画を決定し、これに従って開発・実装していくという手法である。

イ.「アジャイルモデル」では、常にユーザー側の要求を取り入れながら開発できるため、柔軟に開発意図に適応したプロダクトや機能のリリースを見込むことができる。

ウ.「ウォーターフォールモデル」における、「ウォーターフォール」とは「水が落ちる」という意味で、段階ごとに開発を完了させるため、修正したい点がある場合は、細かく1つ前の工程に後戻りすることができる。

エ.「ウォーターフォールモデル」では、「イテレーション」という、小さな単位に分けられた開発を「計画」→「設計」→「実装」→「テスト」と行う中で、リリースを繰り返していく。

解説　システムの開発手法

ア不適切。これはウォーターフォールモデルに関する説明である。

イ適　切。記述の通り。

ウ不適切。ウォーターフォールモデルでは、段階ごとに開発を完了させるため、修正したい点があっても、原則として前の工程に後戻りすることはできない。工程ごとにレビューを行って進めていくが、要件定義が甘いと、開発したかったものと成果が全く異なってしまうことが起こるリスクがある。

エ不適切。「イテレーション」はアジャイルモデルにおいて使用される。

解答　イ

問題108. デザイン思考に関する以下のアからエまでの記述のうち、最も<u>適切で</u><u>はない</u>ものを１つ選びなさい。

ア．デザイン思考とは、デザイナーの行うデザインプロセスの手法を活用して、解決策を生み出すアプローチのことである。

イ．デザイン思考においては、ユーザーが真に求める製品・サービスは何かという観点で製品やサービスを開発することにより、新しい価値を創造する。

ウ．デザイン思考の代表的な方法である「デザイン思考の５段階」の STEP１の「共感」においては、ユーザーの視点に立ち、何を求めているのか、どんな方法や手段で欲しいものや解決策を手に入れているのかを確認しながら、言動や選択に共感していく。

エ．「デザイン思考の５段階」の STEP４の「プロトタイプ」においては、アイディアをできるだけ多く出し、設計図にまとめていく。

解説　デザイン思考

ア適　切。記述の通り。デザイン思考は「使う人＝ユーザー」に寄り添い、観察し、共感し、その人にあった解決策を考えていく、「人間中心」のデザインプロセスである。

イ適　切。記述の通り。多様化の時代と言われる現代において、デザイン思考が重要と言われている。

ウ適　切。記述の通り。ユーザーを観察し、共感する。

エ不適切。プロトタイプは、試作品を作りユーザーに見せるステップである。アイディアをできるだけ多く出し、設計図にまとめていくのは、STEP２の「創造」である。

解答　エ

問題109. リーンスタートアップに関する以下のアからエまでの記述のうち、最も
適切ではないものを1つ選びなさい。

ア．ビジネス創出過程におけるムダとなる要素を最小限に抑えながら、素早く
改良を続け、ビジネスを成功に導くための事業開発手法のことである。

イ．リーンスタートアップには、「要件定義」「基本設計」「詳細設計」「プログ
ラミング」の4つのステップが必要である。

ウ．「リーン」は「筋肉質」や「痩せた」という意味で、トヨタの生産方式をも
とに、米国MITで提唱された「Lean Production System（リーン手法）」
が語源である。

エ．リーンスタートアップの方法論で知られるようになったMVPは、完全な製
品を目指さずに作られる、実用最小限の製品のことである。

解説　リーンスタートアップ

ア適　切。記述の通り。

イ不適切。これはウォーターフォールモデル開発のステップである。リーン
スタートアップのステップは、「構築」「計測」「学習」「再構築」
である。

ウ適　切。記述の通り。

エ適　切。「MVP」は、「Minimum Viable Product」の略で、「実用最小限のプ
ロダクト」を意味し、アーリーアダプターに提供してその反応を確
認するためのものである。

解答　イ

問題110. リーンスタートアップに関する以下のアからエまでの記述のうち、最も<u>適切ではないもの</u>を１つ選びなさい。

ア. リーンスタートアップの事業開発手法における３つの過程は、構築、計測、学習である。

イ. リーンスタートアップは、ビジネス創出過程におけるムダとなる要素の発生をおそれず、ムダとなる要素の中からアイデアを生み出す事業開発手法である。

ウ. リーンスタートアップのリーンとは、「痩せた」という意味で、トヨタの生産方式を研究し編み出されたリーン生産方式にちなんで名付けられている。

エ. リーンスタートアップの事業開発手法が用いられるようになった背景には、社会環境が大きく変わり不確実性が高まる中で、戦略の構築や市場調査の活用などを行うことで成功の可能性を図ろうとする従来のマネジメント方法が通用しなくなったことがある。

解説　リーンスタートアップ

ア適　切。リーンスタートアップは、構築・計測・学習という過程を繰り返す事業開発手法である。

イ不適切。リーンスタートアップは、ビジネス創出過程におけるムダとなる要素を最小限に抑えながら、素早く改良を続け、ビジネスを成功に導くための事業開発手法のことである。

ウ適　切。記述の通り。

エ適　切。記述の通り。いち早く顧客の声を拾うことができるというメリットもある。

解答　イ

問題111. PoCに関する以下のアからエまでの記述のうち、最も<u>適切な</u>ものを１つ選びなさい。

ア．PoCは「Proof of Coproduction」の略で、「ポック」または「ピーオーシー」とも読まれる。

イ．PoCは、その結果だけでは、投資家がリスクを負いたがらないため、PoCの実施後に、よりはっきりとした効果や、実現性をアピールするためにプロトタイプを製作し再提示することで、資金を集めるのが通常である。

ウ．PoCは、新しい技術や理論、原理、手法が実現可能か、あるいは目的の結果が得られるかを確認するために行う実験的な検証工程である。

エ．PoCは、製品やシステムの簡易版を作る前に、無駄なコストや製品生産を防ぐために、まず理論や計算による検証を行うことが特徴である。

解説　改革方法論

ア不適切。PoC は「Proof of Concept」の略で、「概念実証」のことである。

イ不適切。PoC によって技術的な問題がないことや、目的に対して効果的であることなどが示されると、製品実現の可能性が高まるため、投資家によるプロジェクトへの出資も集めやすくなる。

ウ適　切。記述の通り。

エ不適切。理論や計算だけによる検証ではなく、製品やシステムの簡易版を作り、実際に導入して具体的な検証を行うことが PoC の特徴である。

解答　ウ

問題112. アジャイル開発に関する以下のアからエまでの記述のうち、最も<u>適切</u><u>ではない</u>ものを1つ選びなさい。

ア．アジャイル開発では、作成プロダクトの内容を事前にほぼ固めた上で、トライアル・アンド・エラーを繰り返しながら開発を進めていく。

イ．アジャイル開発では、顧客とエンジニアが小規模なチームを作り、小規模・短期間で完遂できる区分により仕様決定・設計・実装・テストを行い、その区分を繰り返すことで全体の完成度を適応的に高めていく。

ウ．アジャイル開発では、対話を重んじており、大量の文書の作成よりも開発関係者間で直接顔を合わせる意思疎通が重視される。

エ．アジャイル開発を行う上で重視する価値観を示すものに、「アジャイルソフトウェア開発宣言」と「アジャイル宣言の背後にある原則」がある。

解説　アジャイル開発

ア不適切。作成プロダクトの内容を事前に固めずにトライアル・アンド・エラーを繰り返しながら開発を進めていく。

イ適　切。記述の通り。反復（イテレーション）と呼ばれる短い期間単位を採用することでリスクを最小化する。

ウ適　切。記述の通り。フェイストゥフェイスが重視される。

エ適　切。記述の通り。4つの価値とその価値に由来する 12 の原則を示している。

解答　ア

問題113. アジャイル開発の手法の一つであるスクラムに関する以下のアからエまでの記述のうち、最も<u>適切ではない</u>ものを1つ選びなさい。

ア. スクラムでは、1つの開発サイクルを「スプリント」と呼び、1つのスプリントで5つのイベントが行なわれる。

イ. スクラムチームは「プロダクトオーナー」、「スクラムマスター」、「開発者」の3つの役割で構成され、そのうちチーム活動プロセスに責任を持つのは、「プロダクトオーナー」である。

ウ. イベントの一つである「バックログリファインメント」では、プロダクトバックログの見直しが行われる。

エ. イベントの一つで、最後に行われる「レトロスペクティブ」は、「振り返り」のためのミーティングである。

解説　アジャイル開発

ア適　切。スクラムでは、1つの開発サイクルを「スプリント」と呼び、1つのスプリントで「スプリントプランニング」、「デイリースクラム」、「バックログリファインメント」、「スプリントレビュー」、「レトロスペクティブ」の5つのイベントが行なわれる。

イ不適切。チーム活動プロセスに責任を持つのは、「スクラムマスター」である。スクラムの開発体制は、ゴールへ導く価値に責任を持つ「プロダクトオーナー」、チーム活動プロセスに責任を持つ「スクラムマスター」、各開発タスクに責任を持つ「開発者」の3つの役割から構成される「スクラムチーム」を基本単位とする。

ウ適　切。バックログリファインメントは、次のスプリント以降の準備を行うイベントで、プロダクトバックログの見直しが行われる。

エ適　切。レトロスペクティブは、スプリントの最後に行う「振返り会」である。チーム自体やチーム活動のプロセスを振り返り、優先順位の高い1つを次のスプリントの最優先アイテムとして追加して取り組む。

解答　イ

問題114. データドリブンに関する以下のアからエまでの記述のうち、最も<u>適切な</u>ものを１つ選びなさい。

ア．XMLやCSVなど構造化されたデータに限って、大量に収納できるクラウド上のデータベースのことである。

イ．構造化データに加えて、文書データ、電子メール、画像ファイル、動画ファイルのような非構造化データなど、あらゆる情報をそのまま格納できるデータベースのことである。

ウ．ビッグデータの分析に際し、統計学、情報工学など、様々な領域の手法を用い有意義なデータを引き出すことである。

エ．解析ツールやマーケティングデータなどから得られるデータ情報に基づいて、企画立案や経営戦略などを判断し行動を起こすことである。

解説　データドリブン

ア不適切。一般的なリレーショナルデータベース（RDB）の説明である。

イ不適切。データレイクに関する説明である。

ウ不適切。データサイエンスに関する説明である。

エ適　切。記述の通り。

解答　エ

問題115. PPDACサイクルに関する以下のアからエまでの記述のうち、最も<u>適切</u><u>ではないもの</u>を１つ選びなさい。

ア．PPDAC サイクルとは、データ分析による課題解決アプローチの１つであり、「Problem」「Plan」「Data」「Analysis」「Conclusion」の頭文字をとったものである。

イ．PPDAC サイクルは、1990 年代以降の情報化社会といわれる現代においてデータ分析による課題解決にフォーカスしたマネジメント手法である。

ウ．最初の「Problem」のステップでは、問題を把握し、経営戦略に基づいた課題を設定する。

エ．次の「Plan」のステップでは、調査・分析の計画を立て、適切な指標（KGI・KPI）を設定する。

解説　PPDACサイクル

ア適　切。PPDACサイクルは、データ分析による課題解決アプローチの一つ。「P（Problem）：課題の設定」、「P（Plan）：調査・分析の計画」、「D（Data）：情報の収集」、「A（Analysis）：集計・分析」、「C（Conclusion）：結論」の５つのステップで構成される。

イ適　切。記述の通り。「PDCA」が、1950年代以降の高度成長時代に、ものづくりにおける継続的な品質改善を目的として広く普及し、現在でも一般的なマネジメント手法として利用されている一方、「PPDAC」は、1990年代以降の情報化社会といわれる現代において、データ分析による課題解決にフォーカスしたマネジメント手法である。

ウ適　切。「Problem」のステップでは、経営戦略に基づいた課題を設定し、適切な指標（KGI・KPI）を設定する。

エ不適切。KGI・KPIなどの指標を設定するのは、「Problem」のステップである。「Plan」のステップでは、「Problem」のステップで設定したKGI・KPIを測定するために、対象の業務プロセスにおいて必要となるデータを明確化する。そのために、現状の業務プロセスを見直し、データを取得できる環境整備を含めた計画を立案する。

解答　エ

第3章　DX 関連の制度・政策

問題116. DX銘柄に関する以下のアからエまでの記述のうち、最も<u>適切ではない</u>
　　　　 ものを1つ選びなさい。

ア．DX 銘柄に選定される企業は、上場している企業に限られない。

イ．「企業価値貢献」及び「DX 実現能力」という観点で評価が実施され、これ
　　 らがともに高い企業が DX 銘柄として選定される。

ウ．「DX 注目企業」は、「DX 銘柄」に選定されていない企業の中から選定される。

エ．「DX グランプリ」の選定は、「DX 銘柄」に選定されていない企業は対象と
　　 はならない。

[解説　DX 銘柄]

ア不適切。DX 銘柄に選定される企業は、東京証券取引所に上場している企業
　　　　 に限られる。

イ適　切。記述の通り。

ウ適　切。DX 銘柄に選定されていない企業の中から、注目されるべき取組を
　　　　 実施している企業については、「デジタルトランスフォーメーショ
　　　　 ン注目企業（DX 注目企業）」として選定される。

エ適　切。企業の競争力強化に資する DX の推進を強く後押しするため、「DX
　　　　 銘柄」選定企業の中から、業種の枠を超えて、"デジタル時代を先導
　　　　 する企業"が、「DX グランプリ」として選定される。

|解答　ア|

問題117. DX認定制度に関する以下のアからエまでの記述のうち、最も<u>適切では</u><u>ない</u>ものを1つ選びなさい。

ア．DX認定制度は、個人事業者も対象となる。

イ．DX認定には、有効期間がある。

ウ．DX 認定は、DX に向けた準備状況ではなく、DXの実績が評価される。

エ．DX 認定制度の審査は、１か月以上かかる。

解説　DX 認定制度

ア適　切。DX認定制度の申請対象は、すべての事業者（法人と個人事業者、法人は会社だけではなく公益法人等も含まれる。）である。

イ適　切。DX認定は、認定の適用日から２年間が有効期間となっている。更新を希望する場合には、60日前までに「更新申請」を行う必要がある。

ウ不適切。DX銘柄では、上場企業のDXの実績を評価しているのに対し、DX 認定は全事業者を対象に、 DX に向けた準備状況を評価している。

エ適　切。DX認定制度の審査期間は約３か月（標準処理期間は60日、実カレンダー上で約３か月）である。

解答　ウ

問題118. DX投資促進税制に関する以下のアからエまでの記述のうち、最も<u>適切</u><u>な</u>ものを１つ選びなさい。

ア．DX投資促進税制は、DX関連投資に対して税額控除か特別償却を認めるものであり、制度適用を受けるには、「D要件」、「X要件」のいずれかを満たす必要がある。

イ．DX投資促進税制におけるD要件の１つに「DX認定」を受けることがあり、X要件の１つに「自社に専門の推進部署がある」ということがある。

ウ．DX投資促進税制の適用を受ける事業者は、DX関連投資の最大5%分の税額控除を受けるか、投資額の30%を特別償却するかを選ぶことができる。

エ．DX投資促進税制の対象となるDX関連投資は、ハードウェア機器購入費やシステム構築後の運用費が対象であり、ソフトウェアの購入費用や、システムのクラウドへの移行にかかる初期費用などは対象ではない。

| 解説　DX 投資促進税制 |

ア不適切。制度適用を受けるには、「D 要件」、「X 要件」の両方を満たす必要がある。

イ不適切。X 要件は、①全社の意思決定に基づくものであること（取締役会等の決議文書添付等）②一定以上の生産性向上などが見込まれること等である。

ウ適　切。記述の通り。

エ不適切。DX 関連投資については、ソフトウェアの購入費用や、システムのクラウドへの移行にかかる初期費用などが該当する。

解答　ウ

問題119. AI利活用ガイドラインにおける10原則の内容に関する以下のアからエ
　　　　までの記述のうち、最も適切なものを１つ選びなさい。

ア.「適正利用の原則」は、利用者は、人間とAIシステムとの間及び利用者間に
　　おける適切な役割分担のもと、適正な範囲及び方法で AIシステム又は AI
　　サービスを利用するよう努める、というものである。

イ.「連携の原則」は、AIサービスプロバイダ、ビジネス利用者及びデータ提供
　　者は、AI システム又は AI サービスと人間との連携に留意し、また、利
　　用者は、AIシステムがネットワーク化することによってリスクが惹起・増
　　幅される可能性があることに留意する、というものである。

ウ.「尊厳・自律の原則」は、利用者は、AIシステム又はAIサービスの利活用
　　において、AIの尊厳と自律を尊重する、というものである。

エ.「アカウンタビリティの原則」は、利用者は、AIシステムがアカウンタビリ
　　ティを果たすよう留意する、というものである。

解説　AI 利活用ガイドライン

ア適　切。「適正利用の原則」は、利用者は、人間とAI システムとの間及び利用
　　　　者間における適切な役割分担のもと、適正な範囲及び方法で AI シス
　　　　テム又は AI サービスを利用するよう努める、というものである。

イ不適切。「AI システム又は AI サービスと人間との連携」が誤りで、正しく
　　　　は「AI システム又は AI サービス相互間の連携」である。「連携の
　　　　原則」は、AIサービスプロバイダ、ビジネス利用者及びデータ提供
　　　　者は、AIシステム又は AI サービス相互間の連携に留意する。ま
　　　　た、利用者は、AI システムがネットワーク化することによってリ
　　　　スクが惹起・増幅される可能性があることに留意する、というもの
　　　　である。

ウ不適切。「AIの尊厳と自律を尊重する」が誤りである。「尊厳・自律の原則」
　　　　は、利用者は、AI システム又は AI サービスの利活用において、
　　　　人間の尊厳と個人の自律を尊重する、というものである。

エ不適切。「AI システムがアカウンタビリティを果たすよう留意する」が誤りで
　　　　ある。「アカウンタビリティの原則」は、利用者は、ステークホルダに
　　　　対しアカウンタビリティを果たすよう努める、というものである。

解答　ア

問題120. 次の文章は、一般社団法人日本ディープラーニング協会が公開している「生成AIの利用ガイドライン【簡易解説付】(第1.1版, 2023年10月公開)」の一部を抜粋したものである。（　　）に入る語句の組合せとして、最も適切なものを以下のアからエまでのうち１つ選びなさい。

6　生成物を利用するに際して注意すべき事項

（1）生成物の内容に虚偽が含まれている可能性がある

大規模言語モデル（LLM）の原理は、「ある単語の次に用いられる（　a　）」を出力することで、もっともらしい文章を作成していくものです。書かれている内容には虚偽が含まれている可能性があります。生成AI のこのような限界を知り、その生成物の内容を盲信せず、必ず根拠や裏付けを自ら確認するようにしてください。

（2）生成物を利用する行為が誰かの既存の権利を侵害する可能性がある

（中略）

生成物を「利用」（配信・公開等）する場合には、生成物が既存著作物に類似しないかの調査や生成物の利用が権利制限規定（（　b　）30 条１項や同 30 条の３等）に該当するかの検討を行うようにしてください。

ア．a．可能性が確率的に最も高い単語　　　　b．著作権法

イ．a．可能性が確率的に最も高い単語　　　　b．特許法

ウ．a．文法的に最も正しいと考えられる単語　　b．著作権法

エ．a．文法的に最も正しいと考えられる単語　　b．特許法

解説　DX・AI をめぐる政策動向

「生成 AI の利用ガイドライン」は、生成 AI の活用を考える組織がスムーズに導入を行うことができるように、一般社団法人日本ディープラーニング協会が策定し、公開したものである。

6　生成物を利用するに際して注意すべき事項

（1）生成物の内容に虚偽が含まれている可能性がある

大規模言語モデル（LLM）の原理は、「ある単語の次に用いられる**可能性が確率的に最も高い単語**」を出力することで、もっともらしい文章を作成していくものです。書かれている内容には虚偽が含まれている可能性があります。生成 AI のこのような限界を知り、その生成物の内容を盲信せず、必ず根拠や裏付けを自ら確認するようにしてください。

（2）生成物を利用する行為が誰かの既存の権利を侵害する可能性がある

（中略）

生成物を「利用」（配信・公開等）する場合には、生成物が既存著作物に類似しないかの調査や生成物の利用が権利制限規定（**著作権法** 30 条 1 項や同 30 条の 3 等）に該当するかの検討を行うようにしてください。

解答　ア

DXオフィサー認定試験 公式精選問題集

2024年4月30日　初版　第1刷発行

編　者　　一般財団法人 全日本情報学習振興協会

発行者　　牧野常夫

発行所　　一般財団法人 全日本情報学習振興協会

　　　　　〒101-0061　東京都千代田区神田三崎町3-7-12　清話会ビル5F

　　　　　TEL：03-5276-6665

販売元　　株式会社 マイナビ出版

　　　　　〒101-0003　東京都千代田区一ツ橋 2-6-3　一ツ橋ビル 2F

　　　　　TEL：0480-38-6872（注文専用ダイヤル）

　　　　　　　　03-3556-2731（販売部）

　　　　　URL：http://book.mynavi.jp

印刷・製本　　大日本法令印刷株式会社